COMPTES-FAITS

DE BARRÊME

EN FRANCS ET EN CENTIMES

PRÉCÉDÉS

D'une instruction sur la manière
de s'en servir

suivis

DU CALCUL DE L'INTÉRÊT PAR JOUR
A DEMI POUR CENT PAR MOIS.

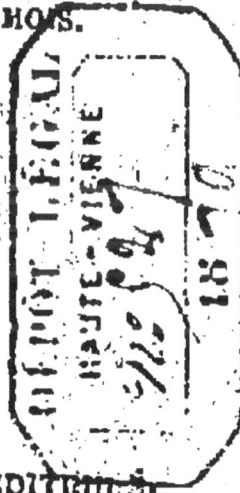

LIMOGES
EUGÈNE ARDANT ET Cie, ÉDITEURS

INSTRUCTION

SUR L'USAGE A FAIRE DE CE LIVRE.

Chaque page contient trois choses :

    Le PRIX,

    La QUANTITÉ,

    Et le COMPTE-FAIT.

Le PRIX est toujours au haut de chaque page.

La QUANTITÉ commence les lignes.

Le COMPTE-FAIT finit chaque ligne.

Par le PRIX, il faut entendre la valeur d'une seule chose, ou le prix

    du *Mètre*,

    de l'*Arc*,

    du *Stère*,

    du *Litre*,

    du *Gramme*,

    du *Kilogramme*, ou de toute autre unité métrique.

Par la QUANTITÉ, il faut entendre le nombre de choses ou d'unités métriques dont on se propose de trouver la valeur. La série de ces nombres commence à 2, et se continue jusqu'à 5000 ou 500, suivant les pages.

Par le COMPTE-FAIT, il faut entendre la valeur du tout, c'est-à-dire le produit de la multiplication du PRIX par la QUANTITÉ. Ce compte se trouve tout fait en regard des nombres représentant les quantités.

———❦———

Voici quelques exemples qui feront mieux saisir la manière de se servir de ce livre :

A 2 *centimes la chose* (le litre, le mètre, le kilogramme, le fruit, la pièce, ou tout autre objet ou unité métrique), *combien valent* 1000 (litres, mètres, kilogrammes, fruits, pièces, ou tous autres objets ou unités métriques)?

Allez à la page à 2 cent. la chose (page 12); et en regard de la quantité (1000) vous trouverez le compte-fait, c'est-à-dire la valeur de 1000 (litres, mètres, kilogrammes, fruits, pièces, ou tous autres objets ou unités métriques) : 20 fr.

A 24 cent. la chose, combien valent 38 ?

Allez à la page à 24 cent. (page 34); et en regard de la quantité (38), vous trouvez la valeur : 9 fr. 12 cent.

————

A 1 fr. 35 la chose, combien valent 80 ?

Cherchez à la page à 1 fr. 35 (page 117); en regard de la quantité (80) se trouve le compte-fait : 108 fr.

————

A 75 fr. la chose, combien valent 29 ?

Voyez à la page à 75 fr. (page 175); à la même ligne que la quantité (29) vous trouvez la valeur : 2175 fr.

————

A 47 cent. la chose, combien les 3 quarts ?

Allez à la page à 47 cent. (page 57); vous trouverez, en regard de la quantité (les 3 quarts), la valeur, qui est de 35 cent.

Il est bon de remarquer qu'il est assez rare que les comptes-faits des fractions soient rigoureusement exacts. En général, ils ne sont qu'approximatifs ; mais ils ne s'écartent de la vérité que d'une quantité minime, toujours moins de 1 centime.

La raison en est que les entiers, avec ou sans fractions décimales, ne sont pas toujours exactement divisibles en 2, 3, 4, 6, 8, 12 parties. Il y a le plus souvent un reste, surtout si l'on s'arrête aux centièmes ou centimes.

———

A 1 fr. 95 la chose, combien les deux tiers ?

La réponse se trouve à la page à 1 fr. 95 (page 129) : les deux tiers, 1 fr. 30.

———

Il n'a pas été possible de faire figurer dans des pages si exiguës et si peu nombreuses, tous les prix de 1 cent. à 500 fr., et toutes les quantités de 1 à 500. Il eût fallu pour cela un grand et gros volume, coûteux et peu portatif.

Ce petit livre suffit cependant à tout, avec l'aide d'une opération très-simple, l'addition.

Voici des exemples des différents cas qui peuvent se présenter et de la façon d'obtenir le compte-fait :

A 4 cent. la chose, combien 78 ?

Allez à la page à 4 cent. (page 14), et vous prenez d'abord le compte-fait pour 70   2 fr. 80 c.

puis pour 8   »   32

additionnez ; le total :   3 fr. 12 c.

est la valeur des 78 objets (mètres, kilogrammes, pièces, ou tous autres) à 4 cent. l'un.

———

A 22 cent. la chose, combien 692 ?

Allez à la page à 22 cent. (page 32), et prenez successivement le compte-

fait pour	600	132 fr.	00 c.
	90	19	80
	2	»	44

additionnez; le total : 152 fr. 24 c. est la valeur de 692 choses à 22 cent. l'une.

A 1 fr. 55 la chose, combien 877?

Cherchez la page à 1 fr. 55 (page 121); prenez successivement le compte-

fait pour	500	775 fr.	00 c.
	300	465	00
	70	108	50
	7	10	85
Totaux :	877	1359 fr.	35 c.

A 9 fr. 78 la chose, combien 25?

Allez à la page à 9 fr. (page 137);

à 9 fr. 25 valent 225 fr. 00 c.

Puis à la page à 78 cent. (page 88);

à 78 cent. 25 valent 19 50

Total : 244 fr. 50 c.

A 197 *fr.* 87 *la chose, combien* 355 ?

Nous allons chercher successivement les comptes-faits comme si les
355 choses étaient à 100 fr. l'une; puis
à 90 fr. l'une; puis à 7 fr. l'une; enfin
à 87 cent. l'une. Une addition réunira
tous ces comptes-faits en un seul :

A 100 fr. (page 180)	300	30,000 fr.	00 c.
	50	5,000	
	5	500	
A 90 fr. (page 178)	300	27,000	
	50	4,500	
	5	450	
A 7 fr. (page 135)	300	2,100	
	50	350	
	5	35	
A 87 cent, (page 97)	300	261	
	50	43	50
	5	4	35
Total :		70,243 fr.	85 c.

A 55 *fr. la chose, combien* 3 *et demi* ?
Allez à la page à 55 fr. la chose

Allez à la page à 55 fr. la chose

(page 171); vous trouverez :

3	165 fr.	00 c.
Le demi	27	50

Total : 192 fr. 50 c.

À 47 fr. 45 le mètre, combien 4 mètres et 3 quarts ?

Allez à la page à 40 fr. (page 168; vous trouverez :

A 40 fr.	4 mètres	160 fr.	00 c.
	Les 3 quarts	30	

Puis à la page à 7 fr. (page 135) :

A 7 fr.	4 mètres	28	
	Les 3 quarts	5	25

Puis à la page à 45 cent. page 55 :

A 45 c.	4 mètres	1	80
	Les 3 quarts		33

Total : 225 fr. 38 c.

A 47 fr. 45 le mètre, 4 mètres et 3 quarts valent 225 fr. 38.

A 1 cent. la chose.

val		c.		val	f.	c.
2	val	2 c.		31	val f.	31 c.
3	—	3		32	—	32
4	—	4		33	—	33
5	—	5		34	—	34
6	—	6		35	—	35
7	—	7		36	—	36
8	—	8		37	—	37
9	—	9		38	—	38
10	—	10		39	—	39
11	—	11		40	—	40
12	—	12		50	—	50
13	—	13		60	—	60
14	—	14		70	—	70
15	—	15		80	—	80
16	—	16		90	—	90
17	—	17		100	—	1
18	—	18		200	—	2
19	—	19		300	—	3
20	—	20		400	—	4
21	—	21		500	—	5
22	—	22		600	—	6
23	—	23		700	—	7
24	—	24		800	—	8
25	—	25		900	—	9
26	—	26		1000	—	10
27	—	27		2000	—	20
28	—	28		3000	—	30
29	—	29		4000	—	40
30	—	30		5000	—	50

A 1 c. par j. par an 3 f. 65 c.

À 2 cent. la chose.

2	val	4	31	val	f. 62
3	—	6	32	—	64
4	—	8	33	—	66
5	—	10	34	—	68
6	—	12	35	—	70
7	—	14	36	—	72
8	—	16	37	—	74
9	—	18	38	—	76
10	—	20	39	—	78
11	—	22	40	—	80
12	—	24	50	—	1 00
13	—	26	60	—	1 20
14	—	28	70	—	1 40
15	—	30	80	—	1 60
16	—	32	90	—	1 80
17	—	34	100	—	2
18	—	36	200	—	4
19	—	38	300	—	6
20	—	40	400	—	8
21	—	42	500	—	10
22	—	44	600	—	12
23	—	46	700	—	14
24	—	48	800	—	16
25	—	50	900	—	18
26	—	52	1000	—	20
27	—	54	2000	—	40
28	—	56	3000	—	60
29	—	58	4000	—	80
30	—	60	5000	—	100

À 2 c. par j. par an 7 f. 30 c.

A 3 cent. la chose.

2 vol	6	31 vol	f.	93
3 —	9	32 —		95
4 —	12	33 —		98
5 —	15	34 —	1	02
6 —	18	35 —	1	05
7 —	21	36 —	1	08
8 —	24	37 —	1	11
9 —	27	38 —	1	14
10 —	30	39 —	1	17
11 —	33	40 —	1	20
12 —	36	50 —	1	50
13 —	39	60 —	1	80
14 —	42	70 —	2	10
15 —	45	80 —	2	40
16 —	48	90 —	2	70
17 —	51	100 —	3	
18 —	54	200 —	6	
19 —	57	300 —	9	
20 —	60	400 —	12	
21 —	63	500 —	15	
22 —	66	600 —	18	
23 —	69	700 —	21	
24 —	72	800 —	24	
25 —	75	900 —	27	
26 —	78	1000 —	30	
27 —	81	2000 —	60	
28 —	84	3000 —	90	
29 —	87	4000 —	120	
30 —	90	5000 —	150	

A 3 c. par j. par an 10 f. 95 c.

A 4 cent. la chasc.

val	f.		val	f.
2 val	f. 8		31 val	1 f. 24
3 —	12		32 —	1 28
4 —	16		33 —	1 32
5 —	20		34 —	1 36
6 —	24		35 —	1 40
7 —	28		36 —	1 44
8 —	32		37 —	1 48
9 —	36		38 —	1 52
10 —	40		39 —	1 56
11 —	44		40 —	1 60
12 —	48		50 —	2 00
13 —	52		60 —	2 40
14 —	56		70 —	2 80
15 —	60		80 —	3 20
16 —	64		90 —	3 60
17 —	68		100 —	4
18 —	72		200 —	8
19 —	76		300 —	12
20 —	80		400 —	16
21 —	84		500 —	20
22 —	88		600 —	24
23 —	92		700 —	28
24 —	96		800 —	32
25 —	1 00		900 —	36
26 —	1 04		1000 —	40
27 —	1 08		2000 —	80
28 —	1 12		3000 —	120
29 —	1 16		4000 —	160
30 —	1 20		5000 —	200

A 4 c. par j. par an 14 f. 60 c.

À 5 cent. la chose.

2 val	f. 10		31 val	1 f.	55
3 —	15		32 —	1	60
4 —	20		33 —	1	65
5 —	25		34 —	1	70
6 —	30		35 —	1	75
7 —	35		36 —	1	80
8 —	40		37 —	1	85
9 —	45		38 —	1	90
10 —	50		39 —	1	95
11 —	55		40 —	2	00
12 —	60		50 —	2	50
13 —	65		60 —	3	00
14 —	70		70 —	3	50
15 —	75		80 —	4	00
16 —	80		90 —	4	50
17 —	85		100 —	5	
18 —	90		200 —	10	
19 —	95		300 —	15	
20 —	1 00		400 —	20	
21 —	1 05		500 —	25	
22 —	1 10		600 —	30	
23 —	1 15		700 —	35	
24 —	1 20		800 —	40	
25 —	1 25		900 —	45	
26 —	1 30		1000 —	50	
27 —	1 35		2000 —	100	
28 —	1 40		3000 —	150	
29 —	1 45		4000 —	200	
30 —	1 50		5000 —	250	

A 5 c. par j. par an 18 f. 25 c.

A 6 cent. la chose.

2	val	f.	12	31	val	1 f.	86
3	—		18	32	—	1	92
4	—		24	33	—	1	98
5	—		30	34	—	2	04
6	—		36	35	—	2	10
7	—		42	36	—	2	16
8	—		48	37	—	2	22
9	—		54	38	—	2	28
10	—		60	39	—	2	34
11	—		66	40	—	2	40
12	—		72	50	—	3	00
13	—		78	60	—	3	60
14	—		84	70	—	4	20
15	—		90	80	—	4	80
16	—		96	90	—	5	40
17	—	1	02	100	—	6	
18	—	1	08	200	—	12	
19	—	1	14	300	—	18	
20	—	1	20	400	—	24	
21	—	1	26	500	—	30	
22	—	1	32	600	—	36	
23	—	1	38	700	—	42	
24	—	1	44	800	—	48	
25	—	1	50	900	—	54	
26	—	1	56	1000	—	60	
27	—	1	62	2000	—	120	
28	—	1	68	3000	—	180	
29	—	1	74	4000	—	240	
30	—	1	80	5000	—	300	

A 6 c. par j. par an 21 f. 90 c.

A 7 cent. la chose.

2 val	f. 14		31 val	2 f.	17
3 —	21		32 —	2	24
4 —	28		33 —	2	31
5 —	35		34 —	2	38
6 —	42		35 —	2	45
7 —	49		36 —	2	52
8 —	56		37 —	2	59
9 —	63		38 —	2	66
10 —	70		39 —	2	73
11 —	77		40 —	2	80
12 —	84		50 —	3	50
13 —	91		60 —	4	20
14 —	98		70 —	4	90
15 —	1 05		80 —	5	60
16 —	1 12		90 —	6	30
17 —	1 19		100 —	7	
18 —	1 26		200 —	14	
19 —	1 33		300 —	21	
20 —	1 40		400 —	28	
21 —	1 47		500 —	35	
22 —	1 54		600 —	42	
23 —	1 61		700 —	49	
24 —	1 68		800 —	56	
25 —	1 75		900 —	63	
26 —	1 82		1000 —	70	
27 —	1 89		2000 —	140	
28 —	1 96		3000 —	210	
29 —	2 03		4000 —	280	
30 —	2 10		5000 —	350	

A 7 c. par j. par an 25 f. 55 c.

2

À 8 cent. la chose.

2 val	f.	16	31 val	2 f.	48
3 —		24	32 —	2	56
4 —		32	33 —	2	64
5 —		40	34 —	2	72
6 —		48	35 —	2	80
7 —		56	36 —	2	88
8 —		64	37 —	2	96
9 —		72	38 —	3	04
10 —		80	39 —	3	12
11 —		88	40 —	3	20
12 —		96	50 —	4	00
13 —	1	04	60 —	4	80
14 —	1	12	70 —	5	60
15 —	1	20	80 —	6	40
16 —	1	28	90 —	7	20
17 —	1	36	100 —	8	
18 —	1	44	200 —	16	
19 —	1	52	300 —	24	
20 —	1	60	400 —	32	
21 —	1	68	500 —	40	
22 —	1	76	600 —	48	
23 —	1	84	700 —	56	
24 —	1	92	800 —	64	
25 —	2	00	900 —	72	
26 —	2	08	1000 —	80	
27 —	2	16	2000 —	160	
28 —	2	24	3000 —	240	
29 —	2	32	4000 —	320	
30 —	2	40	5000 —	400	

À 8 c. par j. par an 29 f. 20 c.

À 9 cent. la chose.

2 val	f. 18		31 val	2 f.	79
3 —	27		32 —	2	88
4 —	36		33 —	2	97
5 —	45		34 —	3	06
6 —	54		35 —	3	15
7 —	63		36 —	3	24
8 —	72		37 —	3	33
9 —	81		38 —	3	42
10 —	90		39 —	3	51
11 —	99		40 —	3	60
12 —	1 08		50 —	4	50
13 —	1 17		60 —	5	40
14 —	1 26		70 —	6	30
15 —	1 35		80 —	7	20
16 —	1 44		90 —	8	10
17 —	1 53		100 —	9	
18 —	1 62		200 —	18	
19 —	1 71		300 —	27	
20 —	1 80		400 —	36	
21 —	1 89		500 —	45	
22 —	1 98		600 —	54	
23 —	2 07		700 —	63	
24 —	2 16		800 —	72	
25 —	2 25		900 —	81	
26 —	2 34		1000 —	90	
27 —	2 43		2000 —	180	
28 —	2 52		3000 —	270	
29 —	2 61		4000 —	360	
30 —	2 70		5000 —	450	

À 9 c. par j. par an 32 f. 85 c.

A 10 cent. la chose.

2 val	f. 20		31 val	3 f.	10
3 —	30		32 —	3	20
4 —	40		33 —	3	30
5 —	50		34 —	3	40
6 —	60		35 —	3	50
7 —	70		36 —	3	60
8 —	80		37 —	3	70
9 —	90		38 —	3	80
10 —	1 00		39 —	3	90
11 —	1 10		40 —	4	
12 —	1 20		50 —	5	
13 —	1 30		60 —	6	
14 —	1 40		70 —	7	
15 —	1 50		80 —	8	
16 —	1 60		90 —	9	
17 —	1 70		100 —	10	
18 —	1 80		200 —	20	
19 —	1 90		300 —	30	
20 —	2 00		400 —	40	
21 —	2 10		500 —	50	
22 —	2 20		600 —	60	
23 —	2 30		700 —	70	
24 —	2 40		800 —	80	
25 —	2 50		900 —	90	
26 —	2 60		1000 —	100	
27 —	2 70		2000 —	200	
28 —	2 80		3000 —	300	
29 —	2 90		4000 —	400	
30 —	3 00		5000 —	500	

A 10 c. par j. par an 36 f. 50 c.

A 11 cent. la chose.

2 val	f.22		31 val	3 f.	41
3 —	33		32 —	3	52
4 —	44		33 —	3	63
5 —	55		34 —	3	74
6 —	66		35 —	3	85
7 —	77		36 —	3	96
8 —	88		37 —	4	07
9 —	99		38 —	4	18
10 —	1 10		39 —	4	29
11 —	1 21		40 —	4	40
12 —	1 32		50 —	5	50
13 —	1 43		60 —	6	60
14 —	1 54		70 —	7	70
15 —	1 65		80 —	8	80
16 —	1 76		90 —	9	90
17 —	1 87		100 —	11	
18 —	1 98		200 —	22	
19 —	2 09		300 —	33	
20 —	2 20		400 —	44	
21 —	2 31		500 —	55	
22 —	2 42		600 —	66	
23 —	2 53		700 —	77	
24 —	2 64		800 —	88	
25 —	2 75		900 —	99	
26 —	2 86		1000 —	110	
27 —	2 97		2000 —	220	
28 —	3 08		3000 —	330	
29 —	3 19		4000 —	440	
30 —	3 30		5000 —	550	

A 11 c. par j. par an 40 f. 15 c.

A 12 cent. la chose.

2 val	f. 24		31 val	3 f. 72
3 —	36		32 —	3 84
4 —	48		33 —	3 96
5 —	60		34 —	4 08
6 —	72		35 —	4 20
7 —	84		36 —	4 32
8 —	96		37 —	4 44
9 —	1 08		38 —	4 56
10 —	1 20		39 —	4 68
11 —	1 32		40 —	4 80
12 —	1 44		50 —	6 00
13 —	1 56		60 —	7 20
14 —	1 68		70 —	8 40
15 —	1 80		80 —	9 60
16 —	1 92		90 —	10 80
17 —	2 04		100 —	12
18 —	2 16		200 —	24
19 —	2 28		300 —	36
20 —	2 40		400 —	48
21 —	2 52		500 —	60
22 —	2 64		600 —	72
23 —	2 76		700 —	84
24 —	2 88		800 —	96
25 —	3 00		900 —	108
26 —	3 12		1000 —	120
27 —	3 24		2000 —	240
28 —	3 36		3000 —	360
29 —	3 48		4000 —	480
30 —	3 60		5000 —	600

A 12 c. par j. par an 43 f. 80 c.

A 13 cent. la chose.

2	val	f. 26	31	val	4 f.	03
3	—	39	32	—	4	16
4	—	52	33	—	4	29
5	—	65	34	—	4	42
6	—	78	35	—	4	55
7	—	91	36	—	4	68
8	—	1 04	37	—	4	81
9	—	1 17	38	—	4	94
10	—	1 30	39	—	5	07
11	—	1 43	40	—	5	20
12	—	1 56	50	—	6	50
13	—	1 69	60	—	7	80
14	—	1 82	70	—	9	10
15	—	1 95	80	—	10	40
16	—	2 08	90	—	11	70
17	—	2 21	100	—	13	
18	—	2 34	200	—	26	
19	—	2 47	300	—	39	
20	—	2 60	400	—	52	
21	—	2 73	500	—	65	
22	—	2 86	600	—	78	
23	—	2 99	700	—	91	
24	—	3 12	800	—	104	
25	—	3 25	900	—	117	
26	—	3 38	1000	—	130	
27	—	3 51	2000	—	260	
28	—	3 64	3000	—	390	
29	—	3 77	4000	—	520	
30	—	3 90	5000	—	650	

A 13 c. par j. par an 47 f. 45 c.

A 14 cent. la chose.

2 val	f. 28 c.		31 val	4 f.	34 c.
3 —		42	32 —	4	48
4 —		56	33 —	4	62
5 —		70	34 —	4	76
6 —		84	35 —	4	90
7 —		98	36 —	5	04
8 —	1	12	37 —	5	18
9 —	1	26	38 —	5	32
10 —	1	40	39 —	5	46
11 —	1	54	40 —	5	60
12 —	1	68	50 —	7	00
13 —	1	82	60 —	8	40
14 —	1	96	70 —	9	80
15 —	2	10	80 —	11	20
16 —	2	24	90 —	12	60
17 —	2	38	100 —	14	
18 —	2	52	200 —	28	
19 —	2	66	300 —	42	
20 —	2	80	400 —	56	
21 —	2	94	500 —	70	
22 —	3	08	600 —	84	
23 —	3	22	700 —	98	
24 —	3	36	800 —	112	
25 —	3	50	900 —	126	
26 —	3	64	1000 —	140	
27 —	3	78	2000 —	280	
28 —	3	92	3000 —	420	
29 —	4	06	4000 —	560	
30 —	4	20	5000 —	700	

A 14 c. par j. par an 51 f. 10 c.

A 15 cent. la chose.

2 val	f. 30		31 val	4 f.	65
3 —	45		32 —	4	80
4 —	60		33 —	4	95
5 —	75		34 —	5	10
6 —	90		35 —	5	25
7 —	1 05		36 —	5	40
8 —	1 20		37 —	5	55
9 —	1 35		38 —	5	70
10 —	1 50		39 —	5	85
11 —	1 65		40 —	6	00
12 —	1 80		50 —	7	50
13 —	1 95		60 —	9	00
14 —	2 10		70 —	10	50
15 —	2 25		80 —	12	00
16 —	2 40		90 —	13	50
17 —	2 55		100 —	15	
18 —	2 70		200 —	30	
19 —	2 85		300 —	45	
20 —	3 00		400 —	60	
21 —	3 15		500 —	75	
22 —	3 30		600 —	90	
23 —	3 45		700 —	105	
24 —	3 60		800 —	120	
25 —	3 75		900 —	135	
26 —	3 90		1000 —	150	
27 —	4 05		2000 —	300	
28 —	4 20		3000 —	450	
29 —	4 35		4000 —	600	
30 —	4 50		5000 —	750	

A 15 c. par j. par an 54 f. 75 c.

A 16 cent. la chose.				
2 val	f. 32	31 val	4 f.	96
3 —	48	32 —	5	12
4 —	64	33 —	5	28
5 —	80	34 —	5	44
6 —	96	35 —	5	60
7 — 1	12	36 —	5	76
8 — 1	28	37 —	5	92
9 — 1	44	38 —	6	08
10 — 1	60	39 —	6	24
11 — 1	76	40 —	6	40
12 — 1	92	50 —	8	00
13 — 2	08	60 —	9	60
14 — 2	24	70 —	11	20
15 — 2	40	80 —	12	80
16 — 2	56	90 —	14	40
17 — 2	72	100 —	16	
18 — 2	88	200 —	32	
19 — 3	04	300 —	48	
20 — 3	20	400 —	64	
21 — 3	36	500 —	80	
22 — 3	52	600 —	96	
23 — 3	68	700 —	112	
24 — 3	84	800 —	128	
25 — 4	00	900 —	144	
26 — 4	16	1000 —	160	
27 — 4	32	2000 —	320	
28 — 4	48	3000 —	480	
29 — 4	64	4000 —	640	
30 — 4	80	5000 —	800	

A 16 c. par j. par an 58 f. 40 c.

A 17 cent. la chose.

2 val	f. 34 c.		31 val	5 f.	27 c.
3 —	51		32 —	5	44
4 —	68		33 —	5	61
5 —	85		34 —	5	78
6 —	1 02		35 —	5	95
7 —	1 19		36 —	6	12
8 —	1 36		37 —	6	29
9 —	1 52		38 —	6	46
10 —	1 70		39 —	6	63
11 —	1 87		40 —	8	80
12 —	2 04		50 —	8	59
13 —	2 21		60 —	10	20
14 —	2 38		70 —	11	90
15 —	2 55		80 —	13	60
16 —	2 72		90 —	15	30
17 —	2 89		100 —	17	
18 —	3 06		200 —	34	
19 —	3 23		300 —	51	
20 —	3 40		400 —	68	
21 —	3 57		500 —	85	
22 —	3 74		600 —	102	
23 —	3 91		700 —	119	
24 —	4 08		800 —	136	
25 —	4 25		900 —	153	
26 —	4 42		1000 —	170	
27 —	4 59		2000 —	340	
28 —	4 76		3000 —	510	
29 —	4 93		4000 —	680	
30 —	5 10		5000 —	850	

A 17 c. par j. par an 62 f. 05 c.

A 18 cent. la chose.

2 val	f.	36		31 val	5 f.	58
3 —		54		32 —	5	76
4 —		72		33 —	5	94
5 —		90		34 —	6	12
6 —	1	08		35 —	6	30
7 —	1	26		36 —	6	48
8 —	1	44		37 —	6	66
9 —	1	62		38 —	6	84
10 —	1	80		39 —	7	02
11 —	1	98		40 —	7	20
12 —	2	16		50 —	9	00
13 —	2	34		60 —	10	80
14 —	2	52		70 —	12	60
15 —	2	70		80 —	14	40
16 —	2	88		90 —	16	20
17 —	3	06		100 —	18	
18 —	3	24		200 —	36	
19 —	3	42		300 —	54	
20 —	3	60		400 —	72	
21 —	3	78		500 —	90	
22 —	3	96		600 —	108	
23 —	4	14		700 —	126	
24 —	4	32		800 —	144	
25 —	4	50		900 —	162	
26 —	4	68		1000 —	180	
27 —	4	86		2000 —	360	
28 —	5	04		3000 —	540	
29 —	5	22		4000 —	720	
30 —	5	40		5000 —	990	

A 18 c. par j. par an 65 f. 70 c.

A 19 cent. la chose.

2 val	f.	38	31 val	5	f.	89
3 —		57	32 —	6		08
4 —		76	33 —	6		27
5 —		85	34 —	6		46
6 —	1	14	35 —	6		65
7 —	1	33	36 —	6		84
8 —	1	52	37 —	7		03
9 —	1	71	38 —	7		22
10 —	1	90	39 —	7		41
11 —	1	09	40 —	7		60
12 —	1	28	50 —	9		50
13 —	2	47	60 —	11		40
14 —	2	66	70 —	13		30
15 —	2	85	80 —	15		20
16 —	3	04	90 —	17		10
17 —	3	23	100 —	19		
18 —	3	42	200 —	38		
19 —	3	61	300 —	57		
20 —	3	80	400 —	76		
21 —	3	99	500 —	95		
22 —	4	18	600 —	114		
23 —	4	37	700 —	133		
24 —	4	56	800 —	152		
25 —	4	75	900 —	171		
26 —	4	94	1000 —	190		
27 —	5	13	2000 —	380		
28 —	5	32	3000 —	570		
29 —	5	51	4000 —	760		
30 —	5	70	5000 —	950		

A 19 c. par j. par an 69 f. 35 c.

A 20 cent. la chose.		
2 val f. 40	31 val	6 f. 20
3 — 60	22 —	6 40
4 — 80	23 —	6 60
5 — 1 00	34 —	6 80
6 — 1 20	35 —	7 00
7 — 1 40	36 —	7 20
8 — 1 60	37 —	7 40
9 — 1 80	38 —	7 60
10 — 2 00	39 —	7 80
11 — 2 20	40 —	8
12 — 2 40	50 —	10
13 — 2 60	60 —	12
14 — 2 80	70 —	14
15 — 3 00	80 —	16
16 — 3 20	90 —	18
17 — 3 40	100 —	20
18 — 3 60	200 —	40
19 — 3 80	300 —	60
20 — 4 00	400 —	80
21 — 4 20	500 —	100
22 — 4 40	600 —	120
23 — 4 60	700 —	140
24 — 4 80	800 —	160
25 — 5 00	900 —	180
26 — 5 20	1000 —	200
27 — 5 40	2000 —	400
28 — 5 60	3000 —	600
29 — 5 80	4000 —	800
30 — 6 00	5000 —	1000

A 20 c. par j. par an 73 f. 60 c.

A 21 cent. la chose.

2 val	f.	42	31 val	6 f.	51
3 —		63	32 —	6	62
4 —		84	33 —	6	93
5 —	1	05	34 —	7	14
6 —	1	26	35 —	7	35
7 —	1	47	36 —	7	56
8 —	1	68	37 —	7	77
9 —	1	89	38 —	7	98
10 —	2	10	39 —	8	19
11 —	2	31	40 —	8	40
12 —	2	52	50 —	10	50
13 —	2	73	60 —	12	60
14 —	2	94	70 —	14	70
15 —	3	15	80 —	16	80
16 —	3	36	90 —	18	90
17 —	3	57	100 —	21	
18 —	3	78	200 —	42	
19 —	3	99	300 —	63	
20 —	4	20	400 —	84	
21 —	4	41	500 —	105	
22 —	4	62	600 —	126	
23 —	4	83	700 —	147	
24 —	5	04	800 —	168	
25 —	5	25	900 —	189	
26 —	5	46	1000 —	210	
27 —	5	67	2000 —	420	
28 —	5	88	3000 —	630	
29 —	6	09	4000 —	840	
30 —	6	30	5000 —	1050	

A 21 c. par j. par an 76 f. 65 c.

À 22 cent. la chose.

2 val	f.	44	31 val	6 f.	82
3 —		66	32 —	7	04
4 —		88	33 —	7	26
5 —	1	10	34 —	7	48
6 —	1	32	35 —	7	70
7 —	1	54	36 —	7	92
8 —	1	76	37 —	8	14
9 —	1	98	38 —	8	36
10 —	2	20	39 —	8	58
11 —	2	42	40 —	8	80
12 —	2	64	50 —	11	00
13 —	2	86	60 —	13	20
14 —	3	08	70 —	15	40
15 —	3	30	80 —	17	60
16 —	3	52	90 —	19	80
17 —	3	74	100 —	22	
18 —	3	96	200 —	44	
19 —	4	18	300 —	66	
20 —	4	40	400 —	88	
21 —	4	62	500 —	110	
22 —	4	84	600 —	132	
23 —	5	06	700 —	154	
24 —	5	28	800 —	176	
25 —	5	50	900 —	198	
26 —	5	72	1000 —	220	
27 —	5	94	2000 —	440	
28 —	6	16	3000 —	660	
29 —	6	38	4000 —	880	
30 —	6	60	5000 —	1100	

À 22 c. par j. par an 80 f. 30 c.

A 23 cent. la chose.

2 val	f.	46	31 val	7 f.	13
3 —		69	32 —	7	36
4 —		92	33 —	7	59
5 —	1	15	34 —	7	83
6 —	1	38	35 —	8	05
7 —	1	61	36 —	8	28
8 —	1	84	37 —	8	51
9 —	2	07	38 —	8	74
10 —	2	30	39 —	8	97
11 —	2	53	40 —	9	20
12 —	2	76	50 —	11	50
13 —	2	99	60 —	13	80
14 —	3	22	70 —	16	10
15 —	3	45	80 —	18	40
16 —	3	68	90 —	20	70
17 —	3	91	100 —	23	
18 —	4	14	200 —	46	
19 —	4	37	300 —	69	
20 —	4	60	400 —	92	
21 —	4	83	500 —	115	
22 —	5	06	600 —	138	
23 —	5	29	700 —	161	
24 —	5	52	800 —	184	
25 —	5	75	900 —	207	
26 —	5	98	1000 —	230	
27 —	6	21	2000 —	460	
28 —	6	44	3000 —	690	
29 —	6	67	4000 —	920	
30 —	6	90	5000 —	1150	

A 23 c. par jour par an 83 f. 95 c.

A 24 cent. la chose.

2 val f. 48		31 val	7 f. 44	
3 — 72		32 —	7	68
4 — 96		33 —	7	92
5 — 1	20	34 —	8	16
6 — 1	44	35 —	8	40
7 — 1	68	36 —	8	64
8 — 1	92	37 —	8	88
9 — 2	16	38 —	9	12
10 — 2	40	39 —	9	36
11 — 2	64	40 —	9	60
12 — 2	88	50 —	12	00
13 — 3	12	60 —	14	40
14 — 3	36	70 —	16	80
15 — 3	60	80 —	19	20
16 — 3	84	90 —	21	60
17 — 4	08	100 —	24	
18 — 4	32	200 —	48	
19 — 4	56	300 —	72	
20 — 4	80	400 —	96	
21 — 5	04	500 —	120	
22 — 5	28	600 —	144	
23 — 5	52	700 —	168	
24 — 5	76	800 —	192	
25 — 6	00	900 —	216	
26 — 6	24	1000 —	240	
27 — 6	48	2000 —	480	
28 — 6	72	3000 —	720	
29 — 6	96	4000 —	960	
30 — 7	20	5000 —	1200	

A 24 c. par j. par an 87 f. 60 c.

A 25 cent. la chose.

2 val	f. 50 c.		31 val	7 f.	75 c.
3 —		75	32 —	8	00
4 —	1	00	33 —	8	25
5 —	1	25	34 —	8	50
6 —	1	50	35 —	8	75
7 —	1	75	36 —	9	00
8 —	2	00	37 —	9	25
9 —	2	25	38 —	9	50
10 —	2	50	39 —	9	75
11 —	2	75	40 —	10	00
12 —	3	00	50 —	12	25
13 —	3	25	60 —	15	50
14 —	3	50	70 —	17	75
15 —	3	75	80 —	20	
16 —	4	00	90 —	22	
17 —	4	25	100 —	25	
18 —	4	50	200 —	50	
19 —	4	75	300 —	75	
20 —	5	00	400 —	100	
21 —	5	25	500 —	125	
22 —	5	50			
23 —	5	75	Les 3 quarts,	18 c.	
24 —	6	00	Le demi,	12	
25 —	6	25	Le quart,	6	
26 —	6	50	Le huitième,	3	
27 —	6	75	Les 2 tiers,	16	
28 —	7	00	Le tiers,	8	
29 —	7	25	Le sixième,	4	
30 —	7	50	Le douzième,	2	

A 25 c. par j. par an 91 f. 25 c.

A 26 cent. la chose.

2 val	f. 52		31 val	8 f.	06
3 —	78		32 —	8	32
4 — 1	04		33 —	8	58
5 — 1	30		34 —	8	84
6 — 1	56		35 —	9	10
7 — 1	82		36 —	9	36
8 — 2	08		37 —	9	62
9 — 2	34		38 —	9	88
10 — 2	60		39 —	10	14
11 — 2	86		40 —	10	40
12 — 3	12		50 —	13	00
13 — 3	38		60 —	15	60
14 — 3	64		70 —	18	20
15 — 3	90		80 —	20	80
16 — 4	16		90 —	23	40
17 — 4	42		100 —	26	
18 — 4	68		200 —	52	
19 — 4	94		300 —	78	
20 — 5	20		400 —	104	
21 — 5	46		500 —	130	
22 — 5	72				
23 — 5	98				
24 — 6	24		Les 3 quarts,	19 c.	
25 — 6	50		Le demi,	13	
26 — 6	76		Le quart,	6	
27 — 7	02		Le huitième,	3	
28 — 7	28		Les 2 tiers,	16	
29 — 7	54		Le tiers,	8	
30 — 7	80		Le sixième,	4	
			Le douzième,	2	

A 26 c. par j. par an 94 f. 9 c.

A 27 cent. la chose.

2 val	f. 54		31 val	8 f.	37
3 —		81	32 —	8	64
4 —	1	08	33 —	8	91
5 —	1	35	34 —	9	18
6 —	1	62	35 —	9	45
7 —	1	89	36 —	9	72
8 —	2	16	37 —	9	99
9 —	2	43	38 —	10	26
10 —	2	70	39 —	10	53
11 —	2	97	40 —	10	89
12 —	3	24	50 —	13	50
13 —	3	51	60 —	16	20
14 —	3	78	70 —	18	90
15 —	4	05	80 —	21	60
16 —	4	32	90 —	24	30
17 —	4	59	100 —	27	
18 —	4	86	200 —	54	
19 —	5	13	300 —	81	
20 —	5	40	400 —	108	
21 —	5	67	500 —	135	
22 —	5	94			
23 —	6	21	Les 3 quarts,	20 c.	
24 —	6	48	Le demi,	13	
25 —	6	75	Le quart,	6	
26 —	7	02	Le huitième,	3	
27 —	7	29	Les 2 tiers,	18	
28 —	7	56	Le tiers,	9	
29 —	7	83	Le sixième,	4	
30 —	8	10	Le douzième,	2	

A 27 c. par j. par an 98 f. 55 c.

A 28 cent. la chose.				
2 val	f. 56	31 val	8 f.	68
3 —	84	32 —	8	96
4 —	1 12	33 —	9	24
5 —	1 40	34 —	9	52
6 —	1 68	35 —	9	80
7 —	1 96	36 —	10	08
8 —	2 24	37 —	10	36
9 —	2 52	38 —	10	64
10 —	2 80	39 —	10	92
11 —	3 08	40 —	11	20
12 —	3 36	50 —	14	00
13 —	3 64	60 —	16	80
14 —	3 92	70 —	19	60
15 —	4 20	80 —	22	40
16 —	4 48	90 —	25	20
17 —	4 76	100 —	28	
18 —	5 04	200 —	56	
19 —	5 32	300 —	84	
20 —	5 60	400 —	112	
21 —	5 88	500 —	140	
22 —	6 16			
23 —	6 44	Les 3 quarts,	21 c.	
24 —	6 72	Le demi,	14	
25 —	7 00	Le quart,	7	
26 —	7 28	Le huitième,	3	
27 —	7 56	Les 2 tiers,	18	
28 —	7 84	Le tiers,	9	
29 —	8 12	Le sixième,	4	
30 —	8 40	Le douzième,	2	

A 28 c. par j. par an 102 f. 20 c.

À 29 cent. la chose.

2 val	0.	53		31 val	8 f.	99
3 —		87		32 —	9	28
4 —	1	16		33 —	9	57
5 —	1	45		34 —	9	86
6 —	1	74		35 —	10	15
7 —	2	03		36 —	10	44
8 —	2	32		37 —	10	73
9 —	2	61		38 —	11	02
10 —	2	90		39 —	11	31
11 —	3	19		40 —	11	60
12 —	3	48		50 —	14	50
13 —	3	77		60 —	17	40
14 —	4	06		70 —	20	30
15 —	4	35		80 —	23	20
16 —	4	64		90 —	26	10
17 —	4	93		100 —	29	
18 —	5	22		200 —	58	
19 —	5	51		300 —	87	
20 —	5	80		400 —	116	
21 —	6	09		500 —	145	
22 —	6	38				
23 —	6	67		Les 3 quarts,	21 c.	
24 —	6	96		Le demi,	14	
25 —	7	25		Le quart,	7	
26 —	7	54		Le huitième,	3	
27 —	7	83		Les 2 tiers,	18	
28 —	8	12		Le tiers,	9	
29 —	8	41		Le sixième,	4	
30 —	8	70		Le douzième,	2	

À 29 c. par j. par an 105 f. 85 c.

A 30 cent. la chose.

2 val	f. 60	31 val	9 f.	30
3 —	90	32 —	9	60
4 — 1	20	33 —	9	90
5 — 1	50	34 —	10	20
6 — 1	80	35 —	10	50
7 — 2	10	36 —	10	80
8 — 2	40	37 —	11	10
9 — 2	70	38 —	11	40
10 — 3	00	39 —	11	70
11 — 3	30	40 —	12	
12 — 3	60	50 —	15	
13 — 3	90	60 —	18	
14 — 4	20	70 —	21	
15 — 4	50	80 —	24	
16 — 4	80	90 —	27	
17 — 5	10	100 —	30	
18 — 5	40	200 —	60	
19 — 5	70	300 —	90	
20 — 6	00	400 —	120	
21 — 6	30	500 —	150	
22 — 6	60			
23 — 6	90	Les 3 quarts,	21 c.	
24 — 7	20	Le demi,	15	
25 — 7	50	Le quart,	7	
26 — 7	80	Le huitième,	3	
27 — 8	10	Les 2 tiers,	20	
28 — 8	40	Le tiers,	10	
29 — 8	70	Le sixième,	5	
30 — 9	00	Le douzième,	2	

A 30 c. par j. par an 109 f. 50 c.

A 31 cent. la chose.

2 val	f.	62	31 val	9 f.	61	
3 —		93	32 —	9	92	
4 —	1	24	33 —	10	23	
5 —	1	55	34 —	10	54	
6 —	1	86	35 —	10	85	
7 —	2	17	36 —	11	16	
8 —	2	48	37 —	11	47	
9 —	2	79	38 —	11	78	
10 —	3	10	39 —	12	09	
11 —	3	41	40 —	12	40	
12 —	3	72	50 —	15	50	
13 —	4	03	60 —	18	60	
14 —	4	34	70 —	21	70	
15 —	4	65	80 —	24	80	
16 —	4	96	90 —	27	90	
17 —	5	27	100 —	31		
18 —	5	58	200 —	62		
19 —	5	89	300 —	93		
20 —	6	20	400 —	124		
21 —	6	51	500 —	155		
22 —	6	82				
23 —	7	13	Les 3 quarts,	21 c.		
24 —	7	44	Le demi,	15		
25 —	7	75	Le quart,	7		
26 —	8	06	Le huitième,	3		
27 —	8	37	Les 2 tiers,	20		
28 —	8	68	Le tiers,	10		
29 —	8	99	Le sixième,	5		
30 —	9	30	Le douzième,	2		

A 31 c. par j. par an 113 f. 15 c.

A 32 cent. la chose.

2 val	f. 64		31 val	9 f.	92
3 —	96		32 —	10	24
4 —	1 28		33 —	10	56
5 —	1 60		34 —	10	88
6 —	1 92		35 —	11	20
7 —	2 24		36 —	11	52
8 —	2 56		37 —	11	84
9 —	2 88		38 —	12	16
10 —	3 20		39 —	12	48
11 —	3 52		40 —	12	80
12 —	3 84		50 —	16	00
13 —	4 16		60 —	19	20
14 —	4 48		70 —	22	40
15 —	4 80		80 —	25	60
16 —	5 12		90 —	28	80
17 —	5 44		100 —	32	
18 —	5 76		200 —	64	
19 —	6 08		300 —	96	
20 —	6 40		400 —	128	
21 —	6 72		500 —	160	
22 —	7 04				
23 —	7 36		Les 3 quarts,	24 c.	
24 —	7 68		Le demi,	16	
25 —	8 00		Le quart,	8	
26 —	8 32		Le huitième,	4	
27 —	8 64		Les 2 tiers,	20	
28 —	8 96		Le tiers,	10	
29 —	9 28		Le sixième,	5	
30 —	9 60		Le douzième,	2	

A 32 c. par j. par an 116 f. 80 c.

A 33 cent. la chose.

2 val	f.66		31 val	10 f. 23
3 —	99		32 —	10	56
4 —	1 32		33 —	10	89
5 —	1 65		34 —	11	22
6 —	1 98		35 —	11	55
7 —	2 31		36 —	11	88
8 —	2 64		37 —	12	21
9 —	2 97		38 —	12	54
10 —	3 30		39 —	12	87
11 —	3 63		40 —	13	20
12 —	3 96		50 —	16	50
13 —	4 29		60 —	19	80
14 —	4 62		70 —	23	10
15 —	4 95		80 —	26	40
16 —	5 28		90 —	29	70
17 —	5 61		100 —	33
18 —	5 94		200 —	66
19 —	6 27		300 —	99
20 —	6 60		400 —	132
21 —	6 93		500 —	165 .
22 —	7 26			
23 —	7 59		Les 3 quarts,	25 c.
24 —	7 92		Le demi,	16
25 —	8 25		Le quart,	8
26 —	8 58		Le huitième,	4
27 —	8 91		Les 2 tiers,	22
28 —	9 24		Le tiers,	11
29 —	9 57		Le sixième,	5
30 —	9 90		Le douzième,	2

A 33 c. par j. par an 120 f. 45 c.

A 24 cent. la chose.

2 val	f.	68	31 val	10	f.	54
3 —	1	02	32 —	10		88
4 —	1	36	33 —	11		22
5 —	1	70	34 —	11		56
6 —	2	04	35 —	11		90
7 —	2	38	36 —	12		24
8 —	2	72	37 —	12		58
9 —	3	06	38 —	12		92
10 —	3	40	39 —	13		26
11 —	3	74	40 —	13		60
12 —	4	08	50 —	17		00
13 —	4	42	60 —	20		40
14 —	4	76	70 —	23		80
15 —	5	10	80 —	27		20
16 —	5	44	90 —	30		60
17 —	5	78	100 —	34		
18 —	6	12	200 —	68		
19 —	6	46	300 —	102		
20 —	6	80	400 —	136		
21 —	7	14	500 —	170		
22 —	7	48				
23 —	7	62	Les 3 quarts,		25 c.	
24 —	8	16	Le demi,		17	
25 —	8	50	Le quart,		8	
26 —	8	84	Le huitième,		4	
27 —	9	18	Les 2 tiers,		22	
28 —	9	52	Le tiers,		11	
29 —	9	86	Le sixième,		5	
30 —	10	20	Le douzième,		2	

A 34 c. par j. par an 124 f. 10 c.

A 35 cent. la chose.

2 val	f. 70		31 val	10 f.	85
3 —	1	05	32 —	11	20
4 —	1	40	33 —	11	55
5 —	1	75	34 —	11	90
6 —	2	10	35 —	12	25
7 —	2	45	36 —	12	60
8 —	2	80	37 —	12	95
9 —	3	15	38 —	13	30
10 —	3	50	39 —	13	65
11 —	3	85	40 —	14	00
12 —	4	20	50 —	17	50
13 —	4	55	60 —	21	00
14 —	4	90	70 —	24	50
15 —	5	25	80 —	28	00
16 —	5	60	90 —	31	50
17 —	5	95	100 —	35	
18 —	6	30	200 —	70	
19 —	6	65	300 —	105	
20 —	7	00	400 —	140	
21 —	7	35	500 —	175	
22 —	7	70			
23 —	8	05	Les 3 quarts,	26 c.	
24 —	8	40	Le demi,	17	
25 —	8	75	Le quart,	8	
26 —	9	10	Le huitième,	4	
27 —	9	45	Les 2 tiers,	22	
28 —	9	80	Le tiers,	11	
29 —	10	15	Le sixième,	5	
30 —	10	50	Le douzième,	2	

A 35 c. par j. par an 127 f. 75 c.

A 36 cent. la chose.

2 val	f.	72	31 val	11 f.	16
3 —	1	08	32 —	11	52
4 —	1	44	33 —	11	88
5 —	1	80	34 —	12	24
6 —	2	16	35 —	12	60
7 —	2	52	36 —	12	96
8 —	2	88	37 —	13	32
9 —	3	24	38 —	13	68
10 —	3	60	39 —	14	04
11 —	3	96	40 —	14	40
12 —	4	32	50 —	18	00
13 —	4	68	60 —	21	60
14 —	5	04	70 —	25	20
15 —	5	40	80 —	28	80
16 —	5	76	90 —	32	40
17 —	6	12	100 —	36	
18 —	6	48	200 —	72	
19 —	6	84	300 —	108	
20 —	7	20	400 —	144	
21 —	7	56	500 —	180	
22 —	7	92			
23 —	8	28	Les 3 quarts,	27 c.	
24 —	8	64	Le demi,	18	
25 —	9	00	Le quart,	9	
26 —	9	36	Le huitième,	4	
27 —	9	72	Les 2 tiers,	24	
28 —	10	08	Le tiers,	12	
29 —	10	44	Le sixième,	6	
30 —	10	80	Le douzième,	3	

A 36 c. par l. par an 181 f. 40 c.

A 37 cent. la chose.				
2 val	f. 74	31 val	11 f.	47
3 —	1 11	32 —	11	84
4 —	1 48	33 —	12	21
5 —	1 85	34 —	12	58
6 —	2 22	35 —	12	95
7 —	2 59	36 —	13	32
8 —	2 96	37 —	13	69
9 —	3 33	38 —	14	06
10 —	3 70	39 —	14	43
11 —	4 07	40 —	14	80
12 —	4 44	50 —	18	50
13 —	4 81	60 —	22	20
14 —	5 18	70 —	25	9?
15 —	5 55	80 —	29	(
16 —	5 92	90 —	33	
17 —	6 29	100 —	37	
18 —	6 65	200 —	74	
19 —	7 03	300 —	11'	
20 —	7 40	400 —	1'	
21 —	7 77	500 —	1	
22 —	8 14			
23 —	8 51	Les 3 qua		
24 —	8 88	Le demi		
25 —	9 25	Le quar		
26 —	9 62	Le huit!		
27 —	9 99	Les 2 !		
28 —	10 33	Le tie		
29 —	10 73	Le si		
30 —	11 10	Le d		

A 37 c. par j. par a

A 38 cent. la chose.

2 val	f. 76	31 val	11 f.	78
3 —	1 14	32 —	12	16
4 —	1 52	33 —	12	54
5 —	1 90	34 —	12	92
6 —	2 28	35 —	13	30
7 —	2 66	36 —	13	68
8 —	3 04	37 —	14	06
9 —	3 42	38 —	14	44
10 —	3 80	39 —	14	82
11 —	4 18	40 —	15	20
12 —	4 56	50 —	19	00
13 —	4 94	60 —	22	80
—	5 32	70 —	26	60
—	5 70	80 —	30	40
-	6 08	90 —	34	20
	6 46	100 —	38	
	6 84	200 —	76	
	7 22	300 —	114	
	7 60	400 —	152	
	7 98	500 —	190	
	3 36			
	74	Les 3 quarts,	28 c.	
	12	Le demi,	19	
	50	Le quart,	9	
	88	Le huitième,	4	
	26	Les 2 tiers,	24	
	4	Le tiers,	12	
	2	Le sixième,	6	
		Le douzième,	3	

par an 138 f. 70 c.

A 39 cent. la chose.

2 val	f.	78	31 val	12 f.	09
3 —	1	17	32 —	12	48
4 —	1	56	33 —	12	87
5 —	1	95	34 —	13	26
6 —	2	34	35 —	13	65
7 —	2	73	36 —	14	04
8 —	3	12	37 —	14	43
9 —	3	51	38 —	14	82
10 —	3	90	39 —	15	21
11 —	4	29	40 —	15	60
12 —	4	78	50 —	19	50
13 —	5	07	60 —	23	40
14 —	5	46	70 —	27	30
15 —	5	85	80 —	31	20
16 —	6	24	90 —	35	10
17 —	6	63	100 —	39	
18 —	7	02	200 —	78	
19 —	7	41	300 —	117	
20 —	7	80	400 —	156	
21 —	8	19	500 —	195	
22 —	8	58			
23 —	8	97	Les 3 quarts,	29 c.	
24 —	9	36	Le demi,	19	
25 —	9	75	Le quart,	9	
26 —	10	14	Le huitième,	4	
27 —	10	53	Les 2 tiers,	26	
28 —	10	92	Le tiers,	13	
29 —	11	31	Le sixième,	6	
30 —	11	70	Le douzième,	3	

A 39 c. par j. par an 142 f. 35 c.

A 40 cent. la chose.				
2 val	f. 80	31 val	12 f.	40
3 —	1 20	32 —	12	80
4 —	1 60	33 —	13	20
5 —	2 00	34 —	13	60
6 —	2 40	35 —	14	00
7 —	2 80	36 —	14	40
8 —	3 20	37 —	14	80
9 —	3 60	38 —	15	20
10 —	4 00	39 —	15	60
11 —	4 40	40 —	16	
12 —	4 80	50 —	20	
13 —	5 20	60 —	24	
14 —	5 60	70 —	28	
15 —	6 00	80 —	32	
16 —	6 40	90 —	36	
17 —	6 80	100 —	40	
18 —	7 20	200 —	80	
19 —	7 60	300 —	120	
20 —	8 00	400 —	160	
21 —	8 40	500 —	200	
22 —	8 80			
23 —	9 20	Les 3 quarts,	30 c.	
24 —	9 60	Le demi,	20	
25 —	10 00	Le quart,	10	
26 —	10 40	Le huitième,	5	
27 —	10 80	Les 2 tiers,	26	
28 —	11 20	Le tiers,	13	
29 —	11 60	Le sixième,	6	
30 —	12 00	Le douzième,	3	

A 40 c. par j. par an 146 f. 00 c.

À 41 cent. la chose.

2 val	f.	82	31 val	12 f.	71
3 —	1	23	32 —	13	12
4 —	1	64	33 —	13	53
5 —	2	05	34 —	13	94
6 —	2	46	35 —	14	35
7 —	2	97	36 —	14	76
8 —	3	28	37 —	15	17
9 —	3	69	38 —	15	58
10 —	4	10	39 —	15	99
11 —	4	51	40 —	16	40
12 —	4	92	50 —	20	50
13 —	5	33	60 —	24	60
14 —	5	74	70 —	28	70
15 —	6	15	80 —	32	80
16 —	6	56	90 —	36	90
17 —	6	97	100 —	41	
18 —	7	38	200 —	82	
19 —	7	79	300 —	123	
20 —	8	20	400 —	164	
21 —	8	61	500 —	105	
22 —	9	00			
23 —	9	43	Les 3 quarts,	30 c.	
24 —	9	84	Le demi,	20	
25 —	10	25	Le quart,	10	
26 —	10	66	Le huitième,	5	
27 —	11	07	Les 2 tiers,	26	
28 —	11	48	Le tiers,	13	
29 —	11	89	Le sixième,	6	
30 —	12	30	Le douzième,	3	

À 41 c. par j. par an 149 f. 65 c.

A 42 cent. la chose.

2 val	f.	84	31 val	13	f.	02
3 —	1	26	32 —	13		44
4 —	1	64	33 —	13		86
5 —	2	10	34 —	14		28
6 —	2	52	35 —	14		70
7 —	2	94	36 —	15		12
8 —	3	36	37 —	15		54
9 —	3	78	38 —	15		96
10 —	4	20	39 —	16		38
11 —	4	62	40 —	16		80
12 —	5	04	50 —	21		00
13 —	5	46	60 —	25		20
14 —	5	88	70 —	29		40
15 —	6	30	80 —	33		60
16 —	6	72	90 —	37		80
17 —	7	04	100 —	42		
18 —	7	56	200 —	84		
19 —	7	98	300 —	126		
20 —	8	47	400 —	168		
21 —	8	82	500 —	210		
22 —	9	24				
23 —	9	66	Les 3 quarts,	31 c.		
24 —	10	08	Le demi,	21		
25 —	10	50	Le quart,	10		
26 —	10	92	Le huitième,	5		
27 —	11	34	Les 2 tiers,	28		
28 —	11	76	Le tiers,	14		
29 —	12	18	Le sixième,	7		
30 —	12	60	Le douzième,	3		

A 42 c. par j. par an 153 f. 30 c.

À 43 cent. la chose.

2 val	f. 86		31 val	13 f. 33
3 —	1 29		32 —	13 76
4 —	1 72		33 —	14 19
5 —	2 15		34 —	14 62
6 —	2 58		35 —	15 05
7 —	3 01		36 —	15 48
8 —	3 44		37 —	15 91
9 —	3 87		38 —	16 34
10 —	4 30		39 —	16 77
11 —	4 73		40 —	17 20
12 —	5 16		50 —	21 50
13 —	5 59		60 —	25 80
14 —	6 02		70 —	31 10
15 —	6 45		80 —	34 40
16 —	6 88		90 —	38 70
17 —	7 31		100 —	43
18 —	7 74		200 —	86
19 —	8 17		300 —	129
20 —	8 60		400 —	172
21 —	9 03		500 —	215
22 —	9 46			
23 —	9 89		Les 3 quarts,	32 c.
24 —	10 32		Le deux,	21
25 —	10 75		Le quart,	10
26 —	11 18		Le huitième,	5
27 —	11 61		Les 2 tiers,	28
28 —	12 04		Le tiers,	14
29 —	12 47		Le sixième,	7
30 —	12 90		Le douzième,	3

À 43 c. par j. par an 156 f. 95 c.

À 44 cent. la chose.

2 val	f.	88	31 val	13 f.	64
3 —	1	32	32 —	14	08
4 —	1	76	33 —	14	52
5 —	2	20	34 —	14	96
6 —	2	64	35 —	15	40
7 —	3	08	36 —	15	84
8 —	3	52	37 —	16	28
9 —	3	96	38 —	16	72
10 —	4	40	39 —	17	16
11 —	4	84	40 —	17	60
12 —	5	28	50 —	22	00
13 —	5	72	60 —	26	40
14 —	6	16	70 —	30	80
15 —	6	60	80 —	35	20
16 —	7	04	90 —	39	60
17 —	7	48	100 —	44	
18 —	7	92	200 —	88	
19 —	8	36	300 —	132	
20 —	8	80	400 —	176	
21 —	9	24	500 —	220	
22 —	9	68			
23 —	10	12	Les 3 quarts, 33 c.		
24 —	10	56	Le demi, 22		
25 —	11	00	Le quart, 11		
26 —	11	44	Le huitième, 5		
27 —	11	88	Les 2 tiers, 28		
28 —	12	32	Le tiers, 14		
29 —	12	76	Le sixième, 7		
30 —	13	20	Le douzième, 3		

À 44 c. par j. par an 160 f. 60 c.

A 45 cent. la chose.

2 val	f.	90	31 val	13	f.	95
3 —	1	35	32 —	14		40
4 —	1	80	33 —	14		85
5 —	2	25	34 —	15		37
6 —	2	70	35 —	15		75
7 —	3	15	36 —	16		20
8 —	3	60	37 —	16		65
9 —	4	05	38 —	17		10
10 —	4	50	39 —	17		55
11 —	4	95	40 —	18		00
12 —	5	40	50 —	22		50
13 —	5	85	60 —	27		00
14 —	6	30	70 —	31		50
15 —	6	75	80 —	36		00
16 —	7	20	90 —	40		50
17 —	7	65	100 —	45		
18 —	8	10	200 —	90		
19 —	8	55	300 —	135		
20 —	9	00	400 —	180		
21 —	9	45	500 —	225		
22 —	9	90				
23 —	10	35	Les 3 quarts,	33 c.		
24 —	10	80	Le demi,	22		
25 —	11	25	Le quart,	11		
26 —	11	70	Le huitième,	5		
27 —	12	15	Les 2 tiers,	30		
28 —	12	60	Le tiers,	15		
29 —	13	05	Le sixième.	7		
30 —	13	50	Le douzième,	3		

A 45 c. par j. par an 164 f. 25 c.

A 46 cent. la chose.				
2 val	f. 92	31 val	14 f. 26	
3 —	1 38	32 —	14 72	
4 —	1 84	33 —	15 18	
5 —	2 30	34 —	15 64	
6 —	2 76	35 —	16 10	
7 —	3 22	36 —	16 56	
8 —	3 68	37 —	17 02	
9 —	4 14	38 —	17 48	
10 —	4 60	39 —	17 94	
11 —	5 06	40 —	18 40	
12 —	5 52	50 —	23 00	
13 —	5 98	60 —	27 60	
14 —	6 44	70 —	32 20	
15 —	6 90	80 —	36 80	
16 —	7 36	90 —	41 40	
17 —	7 82	100 —	46	
18 —	8 28	200 —	92	
19 —	8 74	300 —	138	
20 —	9 20	400 —	184	
21 —	9 66	500 —	230	
22 —	10 12			
23 —	10 58	Les 3 quarts,	34 c.	
24 —	11 04	Le demi,	23	
25 —	11 50	Le quart,	11	
26 —	11 96	Le huitième,	5	
27 —	12 42	Les 2 tiers,	30	
28 —	12 88	Le tiers,	15	
29 —	13 34	Le sixième,	7	
30 —	13 80	Le douzième,	3	

A 46 c. par j. par an 167 f. 90 c.

A 47 cent. la chose.

2 val	f.	94 c.	31 val	14 f.	57 c.
3 —	1	41	32 —	15	04
4 —	1	88	33 —	15	51
5 —	2	35	34 —	15	98
6 —	2	82	35 —	16	45
7 —	3	29	36 —	16	92
8 —	3	76	37 —	17	39
9 —	4	23	38 —	17	86
10 —	4	70	39 —	18	33
11 —	5	17	40 —	18	80
12 —	5	64	50 —	23	50
13 —	6	11	60 —	28	20
14 —	6	58	70 —	32	90
15 —	7	05	80 —	37	60
16 —	7	52	90 —	42	30
17 —	7	99	100 —	47	
18 —	8	46	200 —	94	
19 —	8	93	300 —	141	
20 —	9	40	400 —	188	
21 —	9	87	500 —	235	
22 —	10	34			
23 —	10	81	Les 3 quarts,	35 c.	
24 —	11	28	Le demi ,	23	
25 —	11	75	Le quart,	11	
26 —	12	22	Le huitième,	5	
27 —	12	69	Les 2 tiers,	30	
28 —	13	16	Le tiers ,	15	
29 —	13	63	Le sixième ,	7	
30 —	14	10	Le douzième,	3	

A 47 c. par j. par an 171 f. 55 c.

A 48 cent. la chose.

2 val	f.	96	31 val	14 f.	48
3 —	1	44	32 —	15	36
4 —	1	92	33 —	15	84
5 —	2	40	34 —	16	32
6 —	2	88	35 —	16	80
7 —	3	36	36 —	17	28
8 —	3	84	37 —	17	76
9 —	4	32	38 —	18	24
10 —	4	80	39 —	18	72
11 —	5	28	40 —	19	20
12 —	5	76	50 —	24	00
13 —	6	24	60 —	28	80
14 —	6	72	70 —	33	60
15 —	7	20	80 —	38	40
16 —	7	68	90 —	43	20
17 —	8	16	100 —	48	
18 —	8	64	200 —	96	
19 —	9	12	300 —	144	
20 —	9	60	400 —	192	
21 —	10	08	500 —	240	
22 —	10	56			
23 —	11	04	Les 3 quarts,	36 c.	
24 —	11	52	Le demi,	24	
25 —	12	00	Le quart,	12	
26 —	12	48	Le huitième,	6	
27 —	12	96	Les 2 tiers,	32	
28 —	13	44	Le tiers,	16	
29 —	13	92	Le sixième,	8	
30 —	14	40	Le douzième,	4	

A 48 c. par j. par an 175 f. 20 c.

A 49 cent. la chose.

2 val	f.	98	31 val	15 f.	19
3 —	1	47	32 —	15	68
4 —	1	96	33 —	16	17
5 —	2	45	34 —	16	66
6 —	2	94	35 —	17	15
7 —	3	43	36 —	17	64
8 —	3	92	37 —	18	13
9 —	4	41	38 —	18	62
10 —	4	90	39 —	19	11
11 —	5	39	40 —	19	60
12 —	5	88	50 —	24	50
13 —	6	37	60 —	29	40
14 —	6	86	70 —	34	30
15 —	7	35	80 —	39	20
16 —	7	84	90 —	44	10
17 —	8	33	100 —	49	
18 —	8	82	200 —	98	
19 —	9	31	300 —	147	
20 —	9	80	400 —	196	
21 —	10	29	500 —	245	
22 —	10	78			
23 —	11	27	Les 3 quarts,	36 c.	
24 —	11	76	Le demi,	24	
25 —	12	25	Le quart,	12	
26 —	12	74	Le huitième,	6	
27 —	13	23	Les 2 tiers,	32	
28 —	13	72	Le tiers,	16	
29 —	14	21	Le sixième,	8	
30 —	14	70	Le douzième,	4	

A 49 c. par j. par an 178 f. 85 c.

A 50 cent. la chose.

2 val	1 f.	00	31 val	15 f.	50
3 —	1	50	22 —	16	00
4 —	2	00	33 —	16	50
5 —	2	50	34 —	17	00
6 —	3	00	35 —	17	50
7 —	3	50	36 —	18	00
8 —	4	00	37 —	18	50
9 —	4	50	38 —	19	00
10 —	5	00	39 —	19	50
11 —	5	50	40 —	20	
12 —	6	00	50 —	25	
13 —	6	50	60 —	30	
14 —	7	00	70 —	35	
15 —	7	50	80 —	40	
16 —	8	00	90 —	45	
17 —	8	50	100 —	50	
18 —	9	00	200 —	100	
19 —	9	50	300 —	150	
20 —	10	00	400 —	200	
21 —	10	50	500 —	250	
22 —	11	00			
23 —	11	50	Les 3 quarts,	37 c.
24 —	12	00	Le demi,	25
25 —	12	50	Le quart,	12
26 —	13	00	Le huitième,	6
27 —	13	50	Les 2 tiers,	33
28 —	14	00	Le tiers,	16
29 —	14	50	Le sixième,	8
30 —	15	00	Le douzième,	4

A 50 c. par j. par an 182 f. 50 c.

A 51 cent. la chose.

2 val	1 f. 02		31 val	15 f.	81
3 —	1	53	32 —	16	32
4 —	2	04	33 —	16	83
5 —	2	55	34 —	17	34
6 —	3	06	35 —	17	85
7 —	3	57	36 —	18	36
8 —	4	08	37 —	18	87
9 —	4	59	38 —	19	38
10 —	5	10	39 —	19	89
11 —	5	61	40 —	20	40
12 —	6	12	50 —	25	50
13 —	6	63	60 —	30	60
14 —	7	14	70 —	35	70
15 —	7	65	80 —	40	80
16 —	8	16	90 —	45	90
17 —	8	67	100 —	51	
18 —	9	18	200 —	102	
19 —	9	69	300 —	153	
20 —	10	20	400 —	204	
21 —	10	71	500 —	255	
22 —	11	22			
23 —	11	73	Les 3 quarts, 38 c.		
24 —	12	24	Le demi, 25		
25 —	12	75	Le quart, 12		
26 —	13	26	Le huitième, 6		
27 —	13	77	Les 2 tiers, 34		
28 —	14	28	Le tiers, 17		
29 —	14	79	Le sixième, 8		
30 —	15	30	Le douzième, 4		

A 51 c. par j. par an 188 f. 15 c.

À 52 cent. la chose.

2 val	1 f.	04	31 val	16 f.	12
3 —	1	56	32 —	16	64
4 —	2	08	33 —	17	16
5 —	2	60	34 —	17	68
6 —	3	12	35 —	18	20
7 —	3	64	36 —	18	72
8 —	4	16	37 —	19	24
9 —	4	68	38 —	19	76
10 —	5	20	39 —	20	28
11 —	5	72	40 —	20	80
12 —	6	24	50 —	26	00
13 —	6	76	60 —	31	20
14 —	7	28	70 —	36	40
15 —	7	80	80 —	41	60
16 —	8	32	90 —	46	80
17 —	8	84	100 —	52	
18 —	9	36	200 —	104	
19 —	9	88	300 —	156	
20 —	10	40	400 —	208	
21 —	10	92	500 —	260	
22 —	11	44			
23 —	11	96	Les 3 quarts,	39 c.	
24 —	12	48	Le demi,	26	
25 —	13	00	Le quart,	13	
26 —	13	52	Le huitième,	6	
27 —	14	04	Les 2 tiers,	34	
28 —	14	56	Le tiers,	16	
29 —	15	08	Le sixième,	8	
30 —	15	60	Le douzième,	4	

À 52 c. par j. par an 189 f. 80 c.

A 53 cent. la chose.

2 val	1 f. 06		31 val	16 f.	43
3 —	1	59	32 —	16	96
4 —	2	12	33 —	17	49
5 —	2	65	34 —	18	02
6 —	3	18	35 —	18	55
7 —	3	71	36 —	19	08
8 —	4	24	37 —	19	61
9 —	4	77	38 —	20	14
10 —	5	30	39 —	20	67
11 —	5	83	40 —	21	20
12 —	6	36	50 —	26	50
13 —	6	89	60 —	31	80
14 —	7	42	70 —	37	10
15 —	7	95	80 —	42	40
16 —	8	48	90 —	47	70
17 —	9	01	100 —	53	
18 —	9	54	200 —	106	
19 —	10	07	300 —	159	
20 —	10	60	400 —	212	
21 —	11	13	500 —	265	
22 —	11	66			
23 —	12	19	Les 3 quarts,	39 c.	
24 —	12	72	Le demi,	26	
25 —	13	25	Le quart,	13	
26 —	13	78	Le huitième,	6	
27 —	14	31	Les 2 tiers,	34	
28 —	14	84	Le tiers,	17	
29 —	15	37	Le sixième,	8	
30 —	15	90	Le douzième,	4	

A 53 c. par j. par an 193 f. 45 c.

À 54 cent. la chose.

2 val	1 f. 08		31 val	16 f. 74	
3 —	1	62	32 —	17	28
4 —	2	16	33 —	17	82
5 —	2	70	34 —	18	36
6 —	3	24	35 —	18	90
7 —	3	78	36 —	19	44
8 —	4	32	37 —	19	98
9 —	4	85	38 —	20	52
10 —	5	40	39 —	21	06
11 —	5	94	40 —	21	60
12 —	6	48	50 —	27	00
13 —	7	02	60 —	32	40
14 —	7	56	70 —	37	80
15 —	8	10	80 —	43	20
16 —	8	64	90 —	48	60
17 —	9	18	100 —	54	
18 —	9	72	200 —	108	
19 —	10	26	300 —	162	
20 —	10	80	400 —	216	
21 —	11	34	500 —	270	
22 —	11	88			
23 —	12	42	Les 3 quarts,	40 c.	
24 —	12	96	Le demi,	27	
25 —	13	50	Le quart,	13	
26 —	14	04	Le huitième,	6	
27 —	14	58	Les 2 tiers,	36	
28 —	15	12	Le tiers,	18	
29 —	15	66	Le sixième,	9	
30 —	16	20	Le douzième,	4	

À 54 c. par j. par an 197 f. 10 c.

A 55 cent. la chose.

2 val	1 f. 10 c.		31 val	17 f.	05	
3 —	1	65	32 —	17	60	
4 —	2	20	33 —	18	15	
5 —	2	75	34 —	18	70	
6 —	3	30	35 —	19	25	
7 —	3	85	36 —	19	80	
8 —	4	40	37 —	20	35	
9 —	4	95	38 —	20	90	
10 —	5	50	39 —	21	45	
11 —	6	05	40 —	22	00	
12 —	6	60	50 —	27	50	
13 —	7	15	60 —	33	00	
14 —	7	70	70 —	38	50	
15 —	9	25	80 —	44	00	
16 —	8	80	90 —	49	50	
17 —	8	35	100 —	55		
18 —	9	90	200 — 110			
19 — 10		45	300 — 165			
20 — 11		00	400 — 220			
21 — 11		55	500 — 275			
22 — 12		10				
23 — 12		65	Les 3 quarts,	41 c.		
24 — 13		20	Le demi,	27		
25 — 13		75	Le quart,	13		
26 — 14		30	Le huitième,	6		
27 — 14		85	Les 2 tiers,	36		
28 — 15		40	Le tiers,	18		
29 — 15		95	Le sixième,	9		
30 — 16		50	Le douzième,	4		

A 55 c. par j. par an 200 f. 75 c.

5

A 56 cent. la chose.

2 val	1 f. 12		31 val	17 f. 36	
3 —	1 68		32 —	17 92	
4 —	2 24		33 —	18 48	
5 —	2 80		34 —	19 04	
6 —	3 36		35 —	19 60	
7 —	3 92		36 —	20 16	
8 —	4 48		37 —	20 72	
9 —	5 04		38 —	21 28	
10 —	5 60		39 —	21 84	
11 —	6 16		40 —	22 40	
12 —	6 72		50 —	28 00	
13 —	7 28		60 —	33 60	
14 —	7 84		70 —	39 20	
15 —	8 40		80 —	44 80	
16 —	8 96		90 —	50 40	
17 —	9 52		100 —	56	
18 —	10 08		200 —	112	
19 —	10 64		300 —	168	
20 —	11 20		400 —	224	
21 —	11 76		500 —	280	
22 —	12 32				
23 —	12 88		Les 3 quarts,	42 c.	
24 —	13 44		Le demi,	28	
25 —	14 00		Le quart,	14	
26 —	14 56		Le huitième,	7	
27 —	15 12		Les 2 tiers,	36	
28 —	15 68		Le tiers,	18	
29 —	16 24		Le sixième,	9	
30 —	16 80		Le douzième,	4	

A 56 c. par j. par an 204 f. 40 c.

A 57 cent. la chose.

2 val	1 f. 14		31 val.	17 f. 67
3 —	1 71		32 —	18 24
4 —	2 28		33 —	18 81
5 —	2 85		34 —	19 38
6 —	3 42		35 —	19 95
7 —	3 99		36 —	20 52
8 —	4 56		37 —	21 09
9 —	5 13		38 —	21 66
10 —	5 70		39 —	22 23
11 —	6 27		40 —	22 80
12 —	6 84		50 —	28 50
13 —	7 41		60 —	34 20
14 —	7 98		70 —	39 90
15 —	8 55		80 —	45 60
16 —	8 12		90 —	51 80
17 —	9 69		100 —	57
18 —	10 26		200 —	114
19 —	10 83		300 —	171
20 —	11 40		400 —	228
21 —	11 97		500 —	285
22 —	12 54			
23 —	13 11		Les 3 quarts,	42 c.
24 —	13 68		Le demi,	28
25 —	14 25		Le quart,	14
26 —	14 82		Le huitième,	7
27 —	15 39		Les 2 tiers,	38
28 —	15 96		Le tiers,	19
29 —	16 53		Le sixième,	9
30 —	17 10		Le douzième,	4

A 57 c. par j. par an 208 f. 5 c.

A 58 cent. la chose.

2 val	1 f.	16	31 val	17 f.	96
3 —	1	74	32 —	18	56
4 —	2	32	33 —	19	14
5 —	2	90	34 —	19	72
6 —	3	48	35 —	20	30
7 —	4	06	36 —	20	88
8 —	4	62	37 —	21	46
9 —	5	22	38 —	22	04
10 —	5	80	39 —	22	62
11 —	6	38	40 —	23	20
12 —	6	96	50 —	29	00
13 —	7	54	60 —	34	80
14 —	8	12	70 —	40	60
15 —	8	70	80 —	46	40
16 —	9	28	90 —	52	20
17 —	9	86	100 —	58	
18 —	10	44	200 —	116	
19 —	11	02	300 —	174	
20 —	11	60	400 —	232	
21 —	12	18	500 —	290	
22 —	12	76			
23 —	13	34	Les 3 quarts,	43 c.	
24 —	13	92	Le demi,	29	
25 —	14	50	Le quart,	14	
26 —	15	08	Le huitième,	7	
27 —	15	66	Les 2 tiers,	38	
28 —	16	24	Le tiers,	19	
29 —	16	82	Le sixième,	9	
30 —	17	40	Le douzième,	4	

A 58 c. par j. par an 211 f. 70 c.

A 59 cent. la chose.

2 val	1 f. 18		31 val	18 f. 29
3 —	1 77		32 —	18 88
4 —	2 36		33 —	19 47
5 —	2 95		34 —	20 06
6 —	3 54		35 —	20 65
7 —	4 13		36 —	21 24
8 —	4 72		37 —	21 83
9 —	5 31		38 —	22 42
10 —	5 90		39 —	23 01
11 —	6 49		40 —	23 60
12 —	7 08		50 —	29 50
13 —	7 67		60 —	35 40
14 —	8 26		70 —	41 30
15 —	8 85		80 —	47 20
16 —	9 44		90 —	53 10
17 —	10 03		100 —	59
18 —	10 62		200 —	118
19 —	11 21		300 —	177
20 —	11 80		400 —	236
21 —	12 39		500 —	295
22 —	12 98			
23 —	13 57		Les 3 quarts,	44 c.
24 —	14 16		Le demi,	29
25 —	14 75		Le quart,	14
26 —	15 34		Le huitième,	7
27 —	15 93		Les 2 tiers,	39
28 —	16 52		Le tiers,	19
29 —	17 11		Le sixième,	9
30 —	17 70		Le douzième,	4

A 59 c. par j. par an 215 f. 35 c.

A 60 cent. la chose.				
2 val	1 f. 20 c.	31 val	18 f.	60
3 —	1	80	32 —	19	20
4 —	2	40	33 —	19	80
5 —	3	00	34 —	20	40
6 —	3	60	35 —	21	00
7 —	4	20	36 —	21	60
8 —	4	80	37 —	22	20
9 —	5	40	38 —	22	80
10 —	6	00	39 —	23	40
11 —	6	60	40 —	24	00
12 —	7	20	50 —	30	
13 —	7	80	60 —	36	
14 —	8	40	70 —	42	
15 —	9	00	80 —	48	
16 —	9	60	90 —	54	
17 —	10	20	100 —	60	
18 —	10	80	200 —	120	
19 —	11	40	300 —	180	
20 —	12	00	400 —	240	
21 —	12	60	500 —	300	
22 —	13	20			
23 —	13	80	Les 3 quarts,	45 c.	
24 —	14	40	Le demi,	30	
25 —	15	00	Le quart,	15	
26 —	15	60	Le huitième,	7	
27 —	16	20	Les 2 tiers,	40	
28 —	16	80	Le tiers,	20	
29 —	17	40	Le sixième,	10	
30 —	18	00	Le douzième,	5	

A 60 c. par j. par en 219 f. 00 c.

A 61 cent. la chose.

2 val 1 f. 22			31 val 18 f. 91		
3 — 1 83			32 — 19 52		
4 — 2 44			33 — 20 13		
5 — 3 05			34 — 20 74		
6 — 3 66			35 — 21 35		
7 — 4 27			36 — 21 96		
8 — 4 88			37 — 22 57		
9 — 5 49			38 — 23 18		
10 — 6 10			39 — 23 79		
11 — 6 71			40 — 24 40		
12 — 7 32			50 — 30 50		
13 — 7 93			60 — 36 60		
14 — 8 54			70 — 42 70		
15 — 9 15			80 — 48 80		
16 — 9 76			90 — 54 90		
17 — 10 37			100 — 61		
18 — 10 98			200 — 122		
19 — 11 59			300 — 183		
20 — 12 20			400 — 244		
21 — 12 81			500 — 305		
22 — 13 42					
23 — 14 03			Les 3 quarts, 45 c.		
24 — 14 64			Le demi, 30		
25 — 15 25			Le quart, 15		
26 — 15 86			Le huitième, 7		
27 — 16 47			Les 2 tiers, 40		
28 — 17 08			Le tiers, 20		
29 — 17 69			Le sixième, 10		
30 — 18 30			Le douzième, 5		

A 61 c. par j. par an 222 f. 65 c.

A 62 cent. la chose.

2 val	1 f.	24		31 val	19 f.	22
3 —	1	86		32 —	19	84
4 —	2	48		33 —	20	46
5 —	3	10		34 —	21	08
6 —	3	72		35 —	21	70
7 —	4	34		36 —	22	32
8 —	4	96		37 —	22	94
9 —	5	58		38 —	23	56
10 —	6	20		39 —	24	18
11 —	6	82		40 —	24	80
12 —	7	44		50 —	31	00
13 —	8	06		60 —	37	20
14 —	8	68		70 —	43	40
15 —	9	30		80 —	49	60
16 —	9	92		90 —	55	80
17 —	10	54		100 —	62	
18 —	11	16		200 —	124	
19 —	11	78		300 —	186	
20 —	12	40		400 —	248	
21 —	13	02		500 —	310	
22 —	13	64				
23 —	14	26		Les 3 quarts,	46 c.	
24 —	14	88		Le demi,	31	
25 —	15	50		Le quart,	15	
26 —	16	12		Le huitième,	7	
27 —	16	74		Les 2 tiers,	40	
28 —	17	36		Le tiers,	20	
29 —	17	98		Le sixième,	10	
30 —	18	60		Le douzième,	5	

A 62 c. par j. par an 226 f. 30 c.

A 63 cent. la chose.

2 val	1 f.	26		31 val	19 f.	53
3 —	1	89		32 —	20	16
4 —	2	52		33 —	20	79
5 —	3	15		34 —	21	42
6 —	3	78		35 —	22	05
7 —	4	41		36 —	22	68
8 —	5	04		37 —	23	31
9 —	5	67		38 —	23	94
10 —	6	30		39 —	24	57
11 —	6	93		40 —	25	20
12 —	7	56		50 —	31	50
13 —	8	19		60 —	37	80
14 —	9	82		70 —	44	10
15 —	9	45		80 —	50	40
16 —	10	08		90 —	56	70
17 —	10	71		100 —	63	
18 —	11	34		200 —	126	
19 —	11	97		300 —	189	
20 —	12	60		400 —	252	
21 —	13	23		500 —	315	
22 —	13	86				
23 —	14	49		Les 3 quarts,	47 c.
24 —	15	12		Le demi,	31
25 —	15	75		Le quart,	15
26 —	16	38		Le huitième,	7
27 —	17	01		Les 2 tiers,	42
28 —	17	64		Le tiers,	21
29 —	18	27		Le sixième,	10
30 —	18	90		Le douzième,	5

A 63 c. par j. par an 229 f. 95 c.

A 64 cent. la chose.

2 val	1 f.	28		31 val	19 f.	84
3 —	1	92		32 —	20	48
4 —	2	56		33 —	21	12
5 —	3	20		34 —	21	76
6 —	3	84		35 —	22	40
7 —	4	48		36 —	23	04
8 —	5	12		37 —	23	68
9 —	5	76		38 —	24	52
10 —	6	40		39 —	24	96
11 —	7	04		40 —	25	60
12 —	7	68		50 —	32	00
13 —	8	32		60 —	38	40
14 —	8	96		70 —	44	80
15 —	9	60		80 —	51	20
16 —	10	24		90 —	57	60
17 —	10	88		100 —	64	
18 —	11	52		200 —	128	
19 —	12	16		300 —	192	
20 —	12	80		400 —	256	
21 —	13	44		500 —	320	
22 —	14	08				
23 —	14	72		Les 3 quarts,	48 c.	
24 —	15	36		Le demi,	32	
25 —	16	00		Le quart,	16	
26 —	16	64		Le huitième,	8	
27 —	17	28		Les 2 tiers,	42	
28 —	17	92		Le tiers,	21	
29 —	18	56		Le sixième,	10	
30 —	19	20		Le douzième.	5	

A 64 c. par j. par an 233 f. 60 c.

A 65 cent. la chose.				
2 val	1 f. 30	31 val	20 f.	15
3 —	1 95	32 —	20	80
4 —	2 60	33 —	21	45
5 —	3 25	34 —	22	10
6 —	3 90	35 —	22	75
7 —	4 55	36 —	23	40
8 —	5 20	37 —	24	05
9 —	5 85	38 —	24	70
10 —	6 50	39 —	25	35
11 —	7 15	40 —	26	00
12 —	7 80	50 —	32	50
13 —	8 45	60 —	39	00
14 —	9 10	70 —	45	50
15 —	9 75	80 —	52	00
16 —	10 40	90 —	58	50
17 —	11 05	100 —	65	
18 —	11 70	200 —	130	
19 —	12 35	300 —	195	
20 —	13 00	400 —	260	
21 —	13 65	500 —	325	
22 —	14 30			
23 —	14 95	Les 3 quarts,	49 c.	
24 —	15 60	Le demi,	32	
25 —	16 25	Le quart,	16	
26 —	16 90	Le huitième,	8	
27 —	17 55	Les 2 tiers,	43	
28 —	18 20	Le tiers,	21	
29 —	18 85	Le sixième,	10	
30 —	19 50	Le douzième,	5	

A 65 c. par j. par an 257 f. 25 c.

A 66 cent. la chose.

2 val	1 f. 32		31 val	20 f.	46
3 —	1 98		32 —	21	12
4 —	2 64		33 —	21	78
5 —	3 30		34 —	22	44
6 —	3 96		35 —	23	10
7 —	4 62		36 —	23	76
8 —	5 28		37 —	24	42
9 —	5 94		38 —	25	08
10 —	6 60		39 —	25	74
11 —	7 26		40 —	26	40
12 —	7 92		50 —	33	00
13 —	8 58		60 —	39	60
14 —	9 24		70 —	46	20
15 —	9 90		80 —	52	80
16 —	10 56		90 —	59	40
17 —	11 22		100 —	66	
18 —	11 88		200 —	132	
19 —	12 54		300 —	198	
20 —	13 20		400 —	264	
21 —	13 86		500 —	330	
22 —	14 52				
23 —	15 18		Les 3 quarts,	69 c.	
24 —	15 84		Le demi,	33	
25 —	16 50		Le quart,	16	
26 —	17 16		Le huitième,	8	
27 —	17 82		Les 2 tiers,	44	
28 —	18 48		Le tiers,	22	
29 —	19 14		Le sixième,	11	
30 —	19 80		Le douzième,	5	

A 66 c. par j. par an 240 f. 90 c.

A 67 cent. la chose.

2 val	1 f. 34		31 val	20 f.	77
3 —	2 01		32 —	21	44
4 —	2 68		33 —	22	11
5 —	3 35		34 —	22	78
6 —	4 02		35 —	23	45
7 —	4 69		36 —	24	12
8 —	5 36		37 —	24	79
9 —	6 03		38 —	25	46
10 —	6 70		39 —	26	13
11 —	7 37		40 —	26	80
12 —	8 04		50 —	33	50
13 —	8 71		60 —	40	20
14 —	9 38		70 —	46	90
15 —	10 05		80 —	53	60
16 —	10 72		90 —	60	30
17 —	11 39		100 —	67	
18 —	12 06		200 —	134	
19 —	12 73		300 —	201	
20 —	13 40		400 —	268	
21 —	14 07		500 —	335	
22 —	14 74				
23 —	15 41		Les 3 quarts,	50 c.	
24 —	16 08		Le demi,	33	
25 —	16 75		Le quart,	16	
26 —	17 42		Le huitième,	8	
27 —	18 09		Les 2 tiers,	44	
28 —	18 76		Le tiers,	22	
29 —	19 43		Le sixième,	11	
30 —	20 10		Le douzième,	5	

A 67 c. par j. par an 244 f. 55 c.

A 68 cent. la chose.

2 val	1 f. 36		31 val	21 f. 08
3 —	2	04	32 —	21	76
4 —	2	72	33 —	22	44
5 —	3	40	34 —	23	12
6 —	4	08	35 —	23	80
7 —	4	76	36 —	24	48
8 —	5	44	37 —	25	16
9 —	6	12	38 —	25	84
10 —	6	80	39 —	26	52
11 —	7	48	40 —	27	20
12 —	8	16	50 —	34	00
13 —	8	84	60 —	40	80
14 —	9	52	70 —	47	60
15 —	10	20	80 —	54	40
16 —	10	88	90 —	61	20
17 —	11	56	100 —	68	
18 —	12	24	200 —	136	
19 —	12	92	300 —	204	
20 —	13	60	400 —	272	
21 —	14	28	500 —	340	
22 —	14	96			
23 —	15	64	Les 3 quarts,	51 c.
24 —	16	32	Le demi,	34
25 —	17	00	Le quart,	17
26 —	17	68	Le huitième,	8
27 —	18	36	Les 2 tiers,	44
28 —	19	04	Le tiers,	22
29 —	19	72	Le sixième,	11
30 —	20	40	Le douzième,	5

A 68 c. par j. par an 248 f. 20 c.

A 69 cent. la chose.

2 val	1 f. 38		31 val	21 f. 39
3 —	2 07		32 —	22 08
4 —	2 76		33 —	22 77
5 —	3 45		34 —	23 46
6 —	4 14		35 —	24 15
7 —	4 83		36 —	24 84
8 —	5 52		37 —	25 53
9 —	6 21		38 —	26 22
10 —	6 99		39 —	26 91
11 —	7 59		40 —	27 60
12 —	8 28		50 —	34 50
13 —	8 97		60 —	41 40
14 —	9 66		70 —	48 30
15 —	10 35		80 —	55 20
16 —	11 04		90 —	62 10
17 —	11 73		100 —	69
18 —	12 42		200 —	138
19 —	13 11		300 —	207
20 —	13 80		400 —	276
21 —	14 49		500 —	345
22 —	15 18			
23 —	15 87		Les 3 quarts,	51 c.
24 —	16 56		Le demi,	34
25 —	17 25		Le quart,	17
26 —	17 94		Le huitième,	8
27 —	18 63		Les 2 tiers,	46
28 —	19 32		Le tiers,	23
29 —	20 01		Le sixième,	11
30 —	20 70		Le douzième,	5

A 69 c. par j. par an 251 f. 85 c.

A 70 cent. la chose.

2 val 1 f. 40			31 val 21 f. 70			
3 — 2 10			32 — 22 40			
4 — 2 80			33 — 23 10			
5 — 3 50			34 — 23 80			
6 — 4 20			35 — 24 50			
7 — 4 90			36 — 25 20			
8 — 5 60			37 — 25 90			
9 — 6 30			38 — 26 60			
10 — 7 00			39 — 27 30			
11 — 7 70			40 — 28			
12 — 8 40			50 — 35			
13 — 9 10			60 — 42			
14 — 9 80			70 — 49			
15 — 10 50			80 — 56			
16 — 11 20			90 — 63			
17 — 11 90			100 — 70			
18 — 12 60			200 — 140			
19 — 13 30			300 — 210			
20 — 14 00			400 — 280			
21 — 14 70			500 — 350			
22 — 15 40						
23 — 16 10			Les 3 quarts, 52 c.			
24 — 16 80			Le demi, 35			
25 — 17 50			Le quart, 17			
26 — 18 20			Le huitième, 8			
27 — 18 90			Les 2 tiers, 46			
28 — 19 60			Le tiers, 33			
29 — 20 30			Le sixième, 11			
30 — 21 00			Le douzième, 5			

A 70 c. par j. par an 255 f. 50 c.

A 71 cent. la chose.

2 val	1 f. 42		31 val	22 f. 01
3 —	2 13		32 —	22 72
4 —	2 84		33 —	23 43
5 —	3 55		34 —	24 14
6 —	4 26		35 —	24 85
7 —	4 97		36 —	25 56
8 —	5 68		37 —	26 27
9 —	6 39		38 —	26 98
10 —	7 10		39 —	27 69
11 —	7 81		40 —	28 40
12 —	8 52		50 —	35 50
13 —	9 23		60 —	42 60
14 —	9 94		70 —	49 70
15 —	10 65		80 —	56 80
16 —	11 36		90 —	63 90
17 —	12 07		100 —	71
18 —	12 78		200 —	142
19 —	13 49		300 —	213
20 —	14 20		400 —	284
21 —	14 91		500 —	355
22 —	15 62			
23 —	16 33		Les 3 quarts,	54 c.
24 —	17 04		Le demi,	35
25 —	17 75		Le quart,	17
26 —	18 46		Le huitième,	8
27 —	19 17		Les 2 tiers,	47
28 —	19 88		Le tiers,	23
29 —	20 59		Le sixième,	11
30 —	21 30		Le douzième,	5

A 71 c. par j. par an 259 f. 15 c.

G

A 72 cent. la chose.

2 val 1 f. 45			31 val 22 f. 32		
3 — 2 16			32 — 23 04		
4 — 2 88			33 — 23 76		
5 — 3 60			34 — 24 48		
6 — 4 32			35 — 25 20		
7 — 5 04			36 — 25 92		
8 — 5 76			37 — 26 64		
9 — 6 48			38 — 27 36		
10 — 7 20			39 — 28 08		
11 — 7 92			40 — 28 80		
12 — 8 64			50 — 36 00		
13 — 9 36			60 — 43 20		
14 — 10 08			70 — 50 40		
15 — 10 80			80 — 57 60		
16 — 11 52			90 — 64 80		
17 — 12 24			100 — 72		
18 — 12 96			200 — 144		
19 — 13 68			300 — 216		
20 — 14 40			400 — 270		
21 — 15 12			500 — 360		
22 — 15 84					
23 — 16 56			Les 3 quarts, 54 c.		
24 — 17 28			Le demi, 36		
25 — 18 00			Le quart, 18		
26 — 18 72			Le huitième, 9		
27 — 19 44			Les 2 tiers, 48		
28 — 20 16			Le tiers, 24		
29 — 20 88			Le sixième, 12		
30 — 21 60			Le douzième, 6		

A 72 c. par j. par an 262 f. 80 c.

A 73 cent. la chose.

2 val	1 f. 46		31 val	22 f.	63
3 —	2 19		32 —	23	36
4 —	2 92		33 —	24	09
5 —	3 65		34 —	24	82
6 —	4 38		35 —	25	55
7 —	5 11		36 —	26	28
8 —	5 84		37 —	27	01
9 —	6 57		38 —	27	74
10 —	7 30		39 —	28	47
11 —	8 03		40 —	29	20
12 —	8 76		50 —	36	50
13 —	9 49		60 —	43	80
14 —	10 22		70 —	51	10
15 —	11 95		80 —	58	40
16 —	11 68		90 —	65	70
17 —	12 41		100 —	73	
18 —	13 14		200 —	146	
19 —	13 87		300 —	219	
20 —	14 60		400 —	292	
21 —	15 33		500 —	365	
22 —	16 06				
23 —	16 79		Les 3 quarts,	54 c.	
24 —	17 52		Le demi,	36	
25 —	18 25		Le quart,	18	
26 —	18 98		Le huitième,	9	
27 —	19 71		Les 2 tiers,	48	
28 —	20 44		Le tiers,	24	
29 —	21 17		Le sixième,	12	
30 —	21 90		Le douzième,	6	

A 73 c. par j. par an 266 f. 45 c.

A 74 cent. la chose.

2 val	1 f.	48	31 val	22 f.	94
3 —	2	22	32 —	23	68
4 —	2	96	33 —	24	42
5 —	3	70	34 —	25	16
6 —	4	44	35 —	25	90
7 —	5	18	36 —	26	64
8 —	5	92	37 —	27	38
9 —	6	66	38 —	28	12
10 —	7	40	39 —	28	86
11 —	8	14	40 —	29	60
12 —	8	88	50 —	37	00
13 —	9	62	60 —	44	40
14 —	10	36	70 —	51	80
15 —	11	10	80 —	59	20
16 —	11	84	90 —	66	60
17 —	12	58	100 —	74	
18 —	13	32	200 —	148	
19 —	14	06	300 —	222	
20 —	14	80	400 —	296	
21 —	15	54	500 —	370	
22 —	16	28			
23 —	17	02	Les 3 quarts,	55 c.
24 —	17	76	Le demi,	37
25 —	18	50	Le quart,	18
26 —	19	24	Le huitième,	9
27 —	19	98	Les 2 tiers,	48
28 —	20	72	Le tiers,	24
29 —	21	46	Le sixième,	12
30 —	22	20	Le douzième,	6

A 74 c. par j. par an 270 f. 10 c.

A 75 cent. la chose.

2 val	1 f. 50		31 val	23 f. 25		
3 —	2 25		32 —	24 00		
4 —	3 00		33 —	24 75		
5 —	3 75		34 —	25 50		
6 —	4 50		35 —	26 25		
7 —	5 25		36 —	27 00		
8 —	6 00		37 —	27 75		
9 —	6 75		38 —	28 50		
10 —	7 50		39 —	29 25		
11 —	8 25		40 —	30 00		
12 —	9 00		50 —	37 50		
13 —	9 75		60 —	45 00		
14 —	10 50		70 —	52 50		
15 —	11 25		80 —	60 00		
16 —	12 00		90 —	67 50		
17 —	12 75		100 —	75		
18 —	13 50		200 —	150		
19 —	14 25		300 —	225		
20 —	15 00		400 —	300		
21 —	15 75		500 —	375		
22 —	16 50					
23 —	17 25		Les 3 quarts,	56 c.		
24 —	18 00		Le demi,	37		
25 —	18 75		Le quart,	18		
26 —	19 50		Le huitième,	9		
27 —	20 25		Les 2 tiers,	50		
28 —	21 00		Le tiers,	25		
29 —	21 75		Le sixième,	12		
30 —	22 50		Le douzième,	6		

A 5 c. par j. par an 273 f. 75 c.

A 76 cent. la chose.

2 val	1 f.	52		31 val	23 f.	56
3 —	2	28		32 —	24	32
4 —	3	04		33 —	25	08
5 —	3	80		34 —	25	84
6 —	4	56		35 —	26	60
7 —	5	32		36 —	27	36
8 —	6	08		37 —	28	12
9 —	6	84		38 —	28	88
10 —	7	60		39 —	29	64
11 —	8	36		40 —	30	40
12 —	9	12		50 —	38	00
13 —	9	88		60 —	45	60
14 —	10	64		70 —	53	20
15 —	11	40		80 —	60	80
16 —	12	16		90 —	68	40
17 —	12	92		100 —	76	
18 —	13	68		200 —	152	
19 —	14	44		300 —	228	
20 —	15	20		400 —	304	
21 —	15	96		500 —	380	
22 —	16	72				
23 —	17	48		Les 3 quarts,	57 c.	
24 —	18	24		Le demi.	38	
25 —	19	00		Le quart,	19	
26 —	19	76		Le huitième,	9	
27 —	20	52		Les 2 tiers,	50	
28 —	21	28		Le tiers,	25	
29 —	22	04		Le sixième,	12	
30 —	22	80		Le douzième,	6	

A 76 c. par j. par an 277 f. 40 c.

A 77 cent. la chose.

2 val	1 f. 54		31 val	23 f.	87
3 —	2	31	32 —	24	64
4 —	3	08	33 —	25	41
5 —	3	85	34 —	26	18
6 —	4	62	35 —	26	95
7 —	5	39	36 —	27	72
8 —	6	16	37 —	28	49
9 —	6	93	38 —	29	26
10 —	7	70	39 —	30	03
11 —	8	47	40 —	30	80
12 —	9	24	50 —	38	50
13 —	10	01	60 —	46	20
14 —	10	78	70 —	53	90
15 —	11	55	80 —	61	60
16 —	12	32	90 —	69	30
17 —	13	09	100 —	77	
18 —	13	86	200 —	154	
19 —	14	63	300 —	231	
20 —	15	40	400 —	308	
21 —	16	17	500 —	385	
22 —	16	94			
23 —	17	71	Les 3 quarts,	57 c.	
24 —	18	48	Le demi,	38	
25 —	19	25	Le quart,	19	
26 —	20	02	Le huit.,	9	
27 —	20	79	Les 2 tiers,	50	
28 —	21	56	Le tiers,	25	
29 —	22	33	Le sixième,	13	
30 —	23	10	Le douzième,	6	

A 77 c. par j. par an 281 f. 05 c.

A 78 cent. la chose.

2 val	1 f. 56 c.		31 val	24 f.	18
3 —	2	34	32 —	24	96
4 —	3	12	33 —	25	74
5 —	3	90	34 —	26	52
6 —	4	68	35 —	27	30
7 —	5	46	36 —	28	08
8 —	6	24	37 —	28	88
9 —	7	02	38 —	29	64
10 —	7	80	39 —	30	42
11 —	8	58	40 —	31	20
12 —	9	36	50 —	39	00
13 —	10	14	60 —	46	80
14 —	10	92	70 —	54	60
15 —	11	70	80 —	62	40
16 —	12	48	90 —	70	20
17 —	13	26	100 —	78	
18 —	14	04	200 —	156	
19 —	14	82	300 —	234	
20 —	15	60	400 —	312	
21 —	16	38	500 —	390	
22 —	17	16			
23 —	17	94	Les 3 quarts,	58 c.	
24 —	18	72	Le demi,	39	
25 —	19	50	Le quart,	19	
26 —	20	28	Le huitième,	9	
27 —	21	06	Les 2 tiers,	52	
28 —	21	84	Le tiers,	26	
29 —	22	62	Le sixième,	13	
30 —	23	40	Le douzième,	6	

A 78 c. par j. par an 284 f. 70 c.

A 79 cent. la chose.

2 val	1 f. 58		31 val	24 f. 49
3 —	2 37		32 —	25 28
4 —	3 16		33 —	26 07
5 —	3 97		34 —	26 86
6 —	4 74		35 —	27 65
7 —	5 53		36 —	28 44
8 —	6 32		37 —	29 23
9 —	7 11		38 —	29 02
10 —	7 90		39 —	30 81
11 —	8 69		40 —	31 60
12 —	9 48		50 —	39 50
13 —	10 27		60 —	47 40
14 —	11 06		70 —	55 30
15 —	11 85		80 —	63 20
16 —	12 64		90 —	71 10
17 —	13 43		100 —	79
18 —	14 22		200 —	158
19 —	15 01		300 —	237
20 —	15 80		400 —	316
21 —	16 59		500 —	395
22 —	17 38			
23 —	18 17		Les 3 quarts,	59 c.
24 —	18 96		Le demi,	39
25 —	19 75		Le quart,	19
26 —	20 54		Le huitième,	9
27 —	21 33		Les 2 tiers,	52
28 —	22 12		Le tiers,	26
29 —	22 91		Le sixième,	13
30 —	23 70		Le douzième,	6

A l̇e ṡ. ̇ par ̇j. par an 288 f. 35 c.

A 80 cent. la chose.

2 val	1 f.	60	31 val	24 f.	80
3 —	2	40	32 —	25	60
4 —	3	20	33 —	26	40
5 —	4	00	34 —	27	20
6 —	4	80	35 —	28	00
7 —	5	60	36 —	28	80
8 —	6	40	37 —	29	60
9 —	7	20	38 —	30	40
10 —	8	00	39 —	31	20
11 —	8	80	40 —	32	
12 —	9	60	50 —	40	
13 —	10	40	60 —	48	
14 —	11	20	70 —	56	
15 —	12	00	80 —	64	
16 —	12	80	90 —	72	
17 —	13	60	100 —	80	
18 —	14	40	200 —	160	
19 —	15	20	300 —	240	
20 —	16	00	400 —	320	
21 —	16	80	500 —	400	
22 —	17	60			
23 —	18	40	Les 3 quarts,	60 c.	
24 —	19	20	Le demi,	40	
25 —	20	00	Le quart,	20	
26 —	20	80	Le huitième,	10	
27 —	21	60	Les 2 tiers,	52	
28 —	22	40	Le tiers,	26	
29 —	23	20	Le sixième,	13	
30 —	24	00	Le douzième,	6	

A 80 c. par j. par an 292 f. 00 c.

A 81 cent. la chose.

2 val	1 f. 62		31 val	25 f.	11	
3 —	2	43	32 —	25	92	
4 —	3	24	33 —	26	73	
5 —	4	05	34 —	27	54	
6 —	4	86	35 —	28	35	
7 —	5	67	36 —	29	16	
8 —	6	48	37 —	29	97	
9 —	7	29	38 —	30	78	
10 —	8	10	39 —	31	59	
11 —	8	91	40 —	32	40	
12 —	9	72	50 —	40	50	
13 —	10	53	60 —	48	60	
14 —	11	34	70 —	56	70	
15 —	12	15	80 —	64	80	
16 —	12	96	90 —	72	90	
17 —	13	77	100 —	81		
18 —	14	58	200 —	162		
19 —	15	39	300 —	243		
20 —	16	20	400 —	324		
21 —	17	01	500 —	405		
22 —	17	82				
23 —	18	63	Les 3 quarts,	60 c.		
24 —	19	44	Le demi,	40		
25 —	20	25	Le quart,	20		
26 —	21	06	Le huitième,	10		
27 —	21	87	Les 2 tiers,	54		
28 —	22	68	Le tiers,	27		
29 —	23	49	Le sixième,	13		
30 —	24	30	Le douzième,	6		

A 81 c. par j. par an 295 f. 65 c.

A 82 cent. la chose.					
2 val	1 f. 64		31 val	25 f.	42
3 —	2	46	32 —	26	24
4 —	3	28	33 —	27	06
5 —	4	10	34 —	27	88
6 —	4	92	35 —	28	70
7 —	5	74	36 —	29	52
8 —	6	56	37 —	30	34
9 —	7	38	38 —	31	16
10 —	8	20	39 —	31	98
11 —	9	02	40 —	32	80
12 —	9	84	50 —	41	00
13 —	10	66	60 —	49	20
14 —	11	48	70 —	57	40
15 —	12	30	80 —	65	60
16 —	13	12	90 —	73	80
17 —	13	94	100 —	82	
18 —	14	76	200 —	164	
19 —	15	58	300 —	246	
20 —	16	40	400 —	328	
21 —	17	22	500 —	410	
22 —	18	04			
23 —	18	86	Les 3 quarts,	61	c.
24 —	19	68	Le demi,	41	
25 —	20	50	Le quart,	20	
26 —	21	32	Le huit.,	10	
27 —	22	14	Les 2 tiers,	54	
28 —	22	95	Le tiers,	27	
29 —	23	78	Le sixième,	13	
30 —	24	60	Le douzième, 6		

A 82 c. par j. par an 299 f. 30 c.

A 83 cent. la chose.

2 val	1 f.	66	31 val	25 f.	73
3 —	2	49	32 —	26	56
4 —	3	32	33 —	27	39
5 —	4	15	34 —	28	22
6 —	4	98	35 —	29	05
7 —	5	81	36 —	29	88
8 —	6	64	37 —	30	71
9 —	7	47	38 —	31	54
10 —	8	30	39 —	32	37
11 —	9	13	40 —	33	20
12 —	9	96	50 —	41	50
13 —	10	79	60 —	49	80
14 —	11	62	70 —	58	10
15 —	12	45	80 —	66	40
16 —	13	28	90 —	74	70
17 —	14	11	100 —	83	
18 —	14	94	200 —	166	
19 —	15	77	300 —	249	
20 —	16	60	400 —	332	
21 —	17	43	500 —	415	
22 —	18	26			
23 —	19	09	Les 3 quarts,	62 c.	
24 —	19	92	Le demi,	41	
25 —	20	75	Le quart,	20	
26 —	21	58	Le huitième,	10	
27 —	22	41	Les 2 tiers,	54	
28 —	23	24	Le tiers,	27	
29 —	24	07	Le sixième,	13	
30 —	24	90	Le douzième,	6	

A 83 c. par j. par an 302 f. 95 c.

A 84 cent. la chose.				
2 val	1 f. 68	31 val	26 f.	04
3 —	2 52	32 —	26	88
4 —	3 36	33 —	27	72
5 —	4 20	34 —	28	56
6 —	5 04	35 —	29	40
7 —	5 88	36 —	30	24
8 —	6 72	37 —	31	08
9 —	7 56	38 —	31	92
10 —	8 40	39 —	32	76
11 —	9 24	40 —	33	60
12 —	10 08	50 —	42	00
13 —	10 92	60 —	50	40
14 —	11 76	70 —	58	80
15 —	12 60	80 —	67	20
16 —	13 44	90 —	75	60
17 —	14 28	100 —	84	
18 —	15 12	200 —	168	
19 —	15 96	300 —	252	
20 —	16 80	400 —	336	
21 —	17 64	500 —	420	
22 —	18 48			
23 —	19 32	Les 3 quarts,	63 c.	
24 —	20 16	Le demi,	42	
25 —	21 00	Le quart,	21	
26 —	21 84	Le huitième,	10	
27 —	22 68	Les 2 tiers,	56	
28 —	23 52	Le tiers,	28	
29 —	24 36	Le sixième,	14	
30 —	25 20	Le douzième,	7	

A 84 c. par j. par an 306 f. 60 c.

A 85 cent. la chose.					
2 val 1 f. 70 c.			31 val	26 f.	35
3 —	2	55	32 —	27	20
4 —	3	40	33 —	28	05
5 —	4	25	34 —	28	90
6 —	5	10	35 —	29	75
7 —	5	95	36 —	30	60
8 —	6	80	37 —	31	45
9 —	7	65	38 —	32	30
10 —	8	50	39 —	33	15
11 —	9	35	40 —	34	00
12 —	10	20	50 —	42	50
13 —	11	05	60 —	51	00
14 —	11	90	70 —	59	50
15 —	12	75	80 —	68	00
16 —	13	60	90 —	76	50
17 —	14	45	100 —	85	
18 —	15	30	200 —	170	
19 —	16	15	300 —	255	
20 —	17	00	400 —	340	
21 —	17	85	500 —	425	
22 —	18	70			
23 —	19	55	Les 3 quarts,	68 c.	
24 —	20	40	Le demi,	42	
25 —	21	25	Le quart,	21	
26 —	22	10	Le huitième,	10	
27 —	22	95	Les 2 tiers,	56	
28 —	23	80	Le tiers,	28	
29 —	24	65	Le sixième,	14	
30 —	25	50	Le douzième,	5	

A 85 c. par j. par an 310 f. 25 c.

A 86 cent. la chose.

2 val 1 f. 72			31 val 26 f. 66			
3 — 2 58			32 — 27 52			
4 — 3 44			33 — 28 38			
5 — 4 30			34 — 29 24			
6 — 5 16			35 — 30 10			
7 — 6 06			36 — 30 96			
8 — 6 88			37 — 31 82			
9 — 7 74			38 — 32 68			
10 — 8 60			39 — 33 54			
11 — 9 46			40 — 34 40			
12 — 10 32			50 — 43 00			
13 — 11 18			60 — 51 60			
14 — 12 04			70 — 60 20			
15 — 12 90			80 — 68 80			
16 — 13 76			90 — 77 40			
17 — 14 62			100 — 86			
18 — 15 48			200 — 172			
19 — 16 34			300 — 258			
20 — 17 20			400 — 344			
21 — 18 06			500 — 430			
22 — 18 92						
23 — 19 78			Les 3 quarts, 64 c.			
24 — 20 64			Le demi, 43			
25 — 21 50			Le quart, 21			
26 — 22 36			Le huitième, 10			
27 — 23 22			Les 2 tiers, 56			
28 — 24 08			Le tiers, 28			
29 — 24 94			Le sixième, 14			
30 — 25 80			Le douzième. 7			

A 86 c. par j. par an 313 f. 90 c.

A 87 cent. la chose.				
2 val	1 f. 74	31 val	26 f. 97	
3 —	2 61	32 —	27 84	
4 —	3 48	33 —	28 71	
5 —	4 35	34 —	29 58	
6 —	5 22	35 —	30 45	
7 —	6 09	36 —	31 32	
8 —	6 96	37 —	32 19	
9 —	7 83	38 —	33 06	
10 —	8 70	39 —	33 93	
11 —	9 57	40 —	34 80	
12 —	10 44	50 —	43 50	
13 —	11 31	60 —	52 20	
14 —	12 18	70 —	60 90	
15 —	13 05	80 —	69 60	
16 —	13 92	90 —	78 30	
17 —	14 79	100 —	87	
18 —	15 66	200 —	174	
19 —	16 53	300 —	261	
20 —	17 40	400 —	348	
21 —	18 27	500 —	435	
22 —	19 14			
23 —	20 01	Les 3 quarts,	65 c.	
24 —	20 88	Le demi,	43	
25 —	21 75	Le quart,	21	
26 —	22 62	Le huitième,	10	
27 —	23 49	Les 2 tiers,	58	
28 —	24 36	Le tiers,	29	
29 —	25 23	Le sixième,	14	
30 —	26 10	Le douzième,	7	

A 87 c. par j. par an 317 f. 55 c.

7

A 88 cent. la chose.				
2 val	1 f. 76	31 val	27 f.	28
3 —	2 64	32 —	28	16
4 —	3 52	33 —	29	04
5 —	4 40	34 —	29	92
6 —	5 28	35 —	30	80
7 —	6 16	36 —	31	68
8 —	7 04	37 —	32	56
9 —	7 92	38 —	33	44
10 —	8 80	39 —	34	32
11 —	9 68	40 —	35	20
12 —	10 56	50 —	44	00
13 —	11 44	60 —	52	80
14 —	12 32	70 —	61	60
15 —	13 20	80 —	70	40
16 —	14 08	90 —	79	20
17 —	14 96	100 —	88	
18 —	15 84	200 —	176	
19 —	16 72	300 —	264	
20 —	17 60	400 —	352	
21 —	18 48	500 —	440	
22 —	19 36			
23 —	20 24	Les 3 quarts,	66 c.	
24 —	21 12	Le demi,	44	
25 —	22 00	Le quart,	22	
26 —	22 88	Le huitième,	11	
27 —	23 76	Les 2 tiers,	58	
28 —	24 64	Le tiers,	29	
29 —	25 52	Le sixième,	14	
30 —	26 40	Le douzième,	7	

A 88 c. par j. par an 321 f. 20 c.

A 89 cent. la chose.

2 val	1 f. 78		31 val	27 f.	59
3 —	2 .67		32 —	28	48
4 —	3 56		33 —	29	37
5 —	4 45		34 —	30	26
6 —	5 34		35 —	31	15
7 —	6 23		36 —	32	04
8 —	7 12		37 —	32	93
9 —	8 01		38 —	33	82
10 —	8 90		39 —	34	71
11 —	9 79		40 —	35	60
12 —	10 68		50 —	44	50
13 —	11 57		60 —	53	40
14 —	12 46		70 —	62	30
15 —	13 35		80 —	71	20
16 —	14 24		90 —	80	10
17 —	15 13		100 —	89	
18 —	16 02		200 —	178	.
19 —	16 91		300 —	267	
20 —	17 80		400 —	356	
21 —	18 69		500 —	445	
22 —	19 58				
23 —	20 47		Les 3 quarts,	66 c.
24 —	21 36		Le demi,	44
25 —	22 25		Le quart,	22
26 —	23 14		Le huitième,	11
27 —	24 03		Les 2 tiers,	58
28 —	24 92		Le tiers,	29
29 —	25 81		Le sixième,	14
30 —	26 70		Le douzième,	7

A 89 c. par j. par an 324 f. 85 c.

A 90 cent. la chose.					
2 val	1 f. 80	31 val	27 f. 90
3 —	2 70	32 —	28 80
4 —	3 60	33 —	29 70
5 —	4 50	34 —	30 60
6 —	5 40	35 —	31 50
7 —	6 30	36 —	32 40
8 —	7 20	37 —	33 80
9 —	8 10	38 —	34 20
10 —	9 00	39 —	35 10
11 —	9 90	40 —	36
12 —	10 80	50 —	45
13 —	11 70	60 —	54
14 —	12 60	70 —	63
15 —	13 50	80 —	72
16 —	14 40	90 —	81
17 —	15 30	100 —	90
18 —	16 20	200 —	180
19 —	17 10	300 —	270
20 —	18 00	400 —	360
21 —	18 90	500 —	450
22 —	19 80		
23 —	20 70	Les 3 quarts,	67 c.
24 —	21 60	Le demi,	45
25 —	22 50	Le quart,	22
26 —	23 40	Le huitième,	11
27 —	24 30	Les 2 tiers,	60
28 —	25 20	Le tiers,	30
29 —	26 10	Le sixième,	15
30 —	27 00	Le douzième,	7

A 90 c. par j. par an 328 f. 50 c.

A 91 cent. la chose.					
2 val	1 f.	82	31 val.	28 f.	21
3 —	2	73	32 —	29	12
4 —	3	64	33 —	30	03
5 —	4	55	34 —	30	94
6 —	5	46	35 —	31	85
7 —	6	37	36 —	32	76
8 —	7	28	37 —	33	67
9 —	8	19	38 —	34	58
10 —	9	10	39 —	35	49
11 —	10	01	40 —	36	40
12 —	10	92	50 —	45	50
13 —	11	83	60 —	54	60
14 —	12	74	70 —	63	70
15 —	13	65	80 —	72	80
16 —	14	56	90 —	81	90
17 —	15	47	100 —	91	
18 —	16	38	200 —	182	
19 —	17	29	300 —	273	
20 —	18	20	400 —	364	
21 —	19	11	500 —	455	
22 —	20	02			
23 —	20	93	Les 3 quarts,		68 c.
24 —	21	84	Le demi,		45
25 —	22	75	Le quart,		22
26 —	23	66	Le huitième,		11
27 —	24	57	Les 2 tiers,		60
28 —	25	48	Le tiers,		30
29 —	26	39	Le sixième,		15
30 —	27	30	Le douzième,		7

A 91 c. par j. par an 332 f. 15 c.

A 92 cent. la chose.

2 val	1 f. 84		31 val	28 f. 52
3 —	2 76		32 —	29 44
4 —	3 68		33 —	30 36
5 —	4 60		34 —	31 28
6 —	5 52		35 —	32 20
7 —	6 44		36 —	33 12
8 —	7 35		37 —	34 04
9 —	8 28		38 —	34 96
10 —	9 20		39 —	35 88
11 —	10 12		40 —	36 80
12 —	11 04		50 —	46 00
13 —	11 96		60 —	55 20
14 —	12 88		70 —	64 40
15 —	13 80		80 —	73 60
16 —	14 72		90 —	82 80
17 —	15 64		100 —	92
18 —	16 56		200 —	184
19 —	17 48		300 —	276
20 —	18 40		400 —	368
21 —	19 32		500 —	460
22 —	20 24			
23 —	21 16		Les 3 quarts,	69 c.
24 —	22 08		Le demi,	46
25 —	23 00		Le quart,	23
26 —	23 92		Le huitième,	11
27 —	24 84		Les 2 tiers,	60
28 —	25 76		Le tiers,	30
29 —	26 68		Le sixième,	15
30 —	27 60		Le douzième,	7

A 92 c. par j. par an 335 f. 80 c.

A 93 cent. la chose.

2 val	1 f.	86	31 val	28 f.	83
3 —	2	79	32 —	29	76
4 —	3	72	33 —	30	69
5 —	4	65	34 —	31	62
6 —	5	58	35 —	32	55
7 —	6	51	36 —	33	48
8 —	7	44	37 —	34	41
9 —	8	37	38 —	35	34
10 —	9	30	39 —	36	27
11 —	10	23	40 —	37	20
12 —	11	16	50 —	46	50
13 —	12	09	60 —	55	80
14 —	13	02	70 —	65	10
15 —	13	95	80 —	74	40
16 —	14	88	90 —	83	70
17 —	15	81	100 —	93	
18 —	16	74	200 —	186	
19 —	17	67	300 —	279	
20 —	18	60	400 —	372	
21 —	19	53	500 —	465	
22 —	20	46			
23 —	21	39	Les 3 quarts,	69 c.	
24 —	22	32	Le demi,	46	
25 —	23	25	Le quart,	23	
26 —	24	18	Le huitième,	11	
27 —	25	11	Les 2 tiers,	62	
28 —	26	04	Le tiers,	31	
29 —	26	97	Le sixième,	15	
30 —	27	90	Le douzième,	7	

A 93 c. par j. par an 339 f. 45 c.

A 94 cent. la chose.

2 val 1 f.	88	31 val 29 f.	14
3 — 2	82	32 — 30	08
4 — 3	76	33 — 31	02
5 — 4	70	34 — 31	96
6 — 5	64	35 — 32	90
7 — 6	58	36 — 33	84
8 — 7	52	37 — 34	78
9 — 8	46	38 — 35	72
10 — 9	40	39 — 36	66
11 — 10	34	40 — 37	60
12 — 11	28	50 — 47	00
13 — 12	22	60 — 56	40
14 — 13	16	70 — 65	80
15 — 14	10	80 — 75	20
16 — 15	04	90 — 84	60
17 — 15	98	100 — 94	
18 — 16	92	200 — 188	
19 — 17	86	300 — 282	
20 — 18	80	400 — 376	
21 — 19	74	500 — 470	
22 — 20	68		
23 — 21	62	Les 3 quarts,	70 c.
24 — 22	56	Le demi,	47
25 — 23	50	Le quart,	23
26 — 24	44	Le huitième,	11
27 — 25	38	Les 2 tiers,	62
28 — 26	32	Le tiers,	31
29 — 27	26	Le sixième,	15
30 — 28	20	Le douzième,	7

A 94 c. par j. par an 343 f. 10 c.

A 95 cent. la chose.

2 val	1 f. 90		31 val	29 f.	45
3 —	2 .85		32 —	30	40
4 —	3 80		33 —	31	35
5 —	4 75		34 —	32	30
6 —	5 70		35 —	33	25
7 —	6 65		36 —	34	20
8 —	7 60		37 —	35	15
9 —	8 55		38 —	36	10
10 —	9 50		39 —	37	05
11 —	10 45		40 —	38	00
12 —	11 40		50 —	47	50
13 —	12 35		60 —	57	00
14 —	13 30		70 —	66	50
15 —	14 25		80 —	76	00
16 —	15 20		90 —	85	50
17 —	16 15		100 —	95	
18 —	17 10		200 —	190	
19 —	18 05		300 —	285	
20 —	19 00		400 —	380	
21 —	19 95		500 —	475	
22 —	20 90				
23 —	21 85		Les 3 quarts,	71 c.	
24 —	22 80		Le demi,	47	
25 —	23 75		Le quart,	23	
26 —	24 70		Le huitième,	11	
27 —	25 65		Les 2 tiers,	63	
28 —	26 60		Le tiers,	31	
29 —	27 55		Le sixième,	15	
30 —	28 50		Le douzième,	7	

A 95 c. par j. par an 346 f. 75 c.

A 96 cent. la chose.

2 val 1 f. 92		31 val 29 f. 76		
3 — 2 88		32 — 30 72		
4 — 3 84		33 — 31 68		
5 — 4 80		34 — 32 64		
6 — 5 76		35 — 33 60		
7 — 6 72		36 — 34 56		
8 — 7 68		37 — 35 52		
9 — 8 64		38 — 36 48		
10 — 9 60		39 — 37 44		
11 — 10 56		40 — 38 40		
12 — 11 52		50 — 48 00		
13 — 12 48		60 — 57 60		
14 — 13 44		70 — 67 20		
15 — 14 40		80 — 76 80		
16 — 15 36		90 — 86 40		
17 — 16 32		100 — 96		
18 — 17 28		200 — 192		
19 — 18 24		300 — 288		
20 — 19 20		400 — 384		
21 — 20 16		500 — 480		
22 — 21 12				
23 — 22 08		Les 3 quarts, 72 c.		
24 — 23 04		Le demi, 48		
25 — 24 00		Le quart, 24		
26 — 24 96		Le huitième, 12		
27 — 25 92		Les 2 tiers, 64		
28 — 26 88		Le tiers, 32		
29 — 27 84		Le sixième, 16		
30 — 28 80		Le douzième, 8		

A 96 c. par j. par an 350 f. 40 c.

A 97 cent. la chose.

2 val	1 f.	94		31 val	30	f.	07
3 —	2	91		32 —	31		04
4 —	3	88		33 —	32		01
5 —	4	85		34 —	32		98
6 —	5	82		35 —	33		95
7 —	6	79		36 —	34		92
8 —	7	76		37 —	35		89
9 —	8	73		38 —	36		86
10 —	9	70		39 —	37		83
11 —	10	67		40 —	38		80
12 —	11	64		50 —	48		50
13 —	12	61		60 —	58		20
14 —	13	58		70 —	67		90
15 —	14	55		80 —	77		60
16 —	15	52		90 —	87		30
17 —	16	49		100 —	97		
18 —	17	46		200 —	194		
19 —	18	43		300 —	291		
20 —	19	40		400 —	388		
21 —	20	37		500 —	485		
22 —	21	34					
23 —	22	31		Les 3 quarts,		72 c.	
24 —	23	28		Le demi,		48	
25 —	24	25		Le quart,		24	
26 —	25	22		Le huitième,		12	
27 —	26	19		Les 2 tiers,		64	
28 —	27	16		Le tiers,		32	
29 —	28	13		Le sixième,		16	
30 —	29	10		Le douzième,		8	

A 97 c. par j. par an 354 f. 5 c.

A 98 cent. la chose.					
2 val 1 f.	96	31 val	30 f.	38
3 — 2	94	32 —	31	36
4 — 3	92	33 —	32	34
5 — 4	90	34 —	33	32
6 — 5	88	35 —	34	30
7 — 6	86	36 —	35	28
8 — 7	84	37 —	36	26
9 — 8	82	38 —	37	24
10 — 9	80	39 —	58	22
11 — 10	78	40 —	39	80
12 — 11	76	50 —	49	60
13 — 12	74	60 —	58	40
14 — 13	72	70 —	68	20
15 — 14	70	80 —	78	
16 — 15	68	90 —	88	
17 — 16	66	100 —	98	
18 — 17	64	200 —	196	
19 — 18	62	300 —	294	
20 — 19	60	400 —	392	
21 — 20	58	500 —	490	
22 — 21	56			
23 — 22	54	Les 3 quarts,	73 c.	
24 — 23	52	Le demi,	49	
25 — 24	50	Le quart,	24	
26 — 25	48	Le huitième,	12	
27 — 26	46	Les 2 tiers,	64	
28 — 27	44	Le tiers,	32	
29 — 28	42	Le sixième,	16	
30 — 29	40	Le douzième,	8	

A 98 c. par j. par an 357 f. 70 c.

A 99 cent. la chose.

2 val	1 f. 98		31 val	30 f.	69
3 —	2	97	32 —	31	68
4 —	3	96	33 —	32	67
5 —	4	95	34 —	33	66
6 —	5	94	35 —	34	65
7 —	6	93	36 —	:5	64
8 —	7	92	37 —	36	63
9 —	8	91	38 —	37	62
10 —	9	90	39 —	38	61
11 — 10	89		40 —	39	60
12 — 11	88		50 —	49	50
13 — 12	87		60 —	59	40
14 — 13	86		70 —	69	30
15 — 14	85		80 —	79	20
16 — 15	84		90 —	89	10
17 — 16	83		100 —	99	
18 — 17	82		200 —	198	
19 — 18	81		300 —	297	
20 — 19	80		400 —	396	
21 — 20	79		500 —	495	
22 — 21	78				
23 — 22	77		Les 3 quarts,	74 c.	
24 — 23	76		Le demi,	49	
25 — 24	75		Le quart,	24	
26 — 25	74		Le huitième,	12	
27 — 26	73		Les 2 tiers,	66	
28 — 27	72		Le tiers,	33	
29 — 28	71		Le sixième,	16	
30 — 29	70		Le douzième,	8	

A 99 c. par j. par an 361 f. 35 c.

A 1 fr. la chose.

2 val	2 f.		31 val	31 f.
3 —	3		32 —	32
4 —	4		33 —	33
5 —	5		34 —	34
6 —	6		35 —	35
7 —	7		36 —	36
8 —	8		37 —	37
9 —	9		38 —	38
10 —	10		39 —	39
11 —	11		40 —	40
12 —	12		50 —	50
13 —	13		60 —	60
14 —	14		70 —	70
15 —	15		80 —	80
16 —	16		90 —	90
17 —	17		100 —	100
18 —	18		200 —	200
19 —	19		300 —	300
20 —	20		400 —	400
21 —	21		500 —	500
22 —	22			
23 —	23		Les 3 quarts,	75 c.
24 —	24		Le demi,	50
25 —	25		Le quart,	25
26 —	26		Le huitième,	12
27 —	27		Les 2 tiers,	66
28 —	28		Le tiers,	33
29 —	29		Le sixième,	16
30 —	30		Le douzième,	8

A 1 f. par j. par an 365 f.

A 1 f. 5 cent. la chose.

2 val	2 f.	10	31 val	32 f.	55
3 —	3	15	32 —	33	60
4 —	4	20	33 —	34	65
5 —	5	25	34 —	35	70
6 —	6	30	35 —	36	75
7 —	7	35	36 —	37	80
8 —	8	40	37 —	38	85
9 —	9	45	38 —	39	90
10 —	10	50	39 —	40	95
11 —	11	55	40 —	42	00
12 —	12	60	50 —	52	50
13 —	13	65	60 —	63	00
14 —	14	70	70 —	73	50
15 —	15	75	80 —	84	00
16 —	16	80	90 —	94	50
17 —	17	85	100 — 105		
18 —	18	90	200 — 210		
19 —	19	95	300 — 315		
20 —	21	00	400 — 420		
21 —	22	05	500 — 525		
22 —	23	10			
23 —	24	15	Les 3 quarts, 78 c.		
24 —	25	20	Le demi, 52		
25 —	26	25	Le quart, 26		
26 —	27	30	Le huit., 13		
27 —	28	35	Les 2 tiers, 70		
28 —	29	40	Le tiers, 35		
29 —	30	45	Le sixième, 17		
30 —	31	50	Le douzième, 8		

A 2 f. 5 c. par j. par an 383 f. 25 c.

A 1 fr. 10 cent. la chose.

2 val	2 f. 20		31 val	34 f. 10
3 —	3 30		32 —	35 20
4 —	4 40		33 —	36 30
5 —	5 50		34 —	37 40
6 —	6 60		35 —	38 50
7 —	7 70		36 —	39 60
8 —	8 80		37 —	40 70
9 —	9 90		38 —	41 80
10 —	11 00		39 —	42 90
11 —	12 10		40 —	44
12 —	13 20		50 —	55
13 —	14 30		60 —	66
14 —	15 40		70 —	77
15 —	16 50		80 —	88
16 —	17 60		90 —	99
17 —	18 70		100 —	110
18 —	19 80		200 —	220
19 —	20 90		300 —	330
20 —	22 00		400 —	440
21 —	23 10		500 —	550
22 —	24 20			
23 —	25 30		Les 3 quarts,	82 c.
24 —	26 40		Le demi,	55
25 —	27 50		Le quart,	27
26 —	28 60		Le huitième,	13
27 —	29 70		Les 2 tiers,	72
28 —	30 80		Le tiers,	36
29 —	31 90		Le sixième,	18
30 —	33 00		Le douzième,	9

A 1 f. 10 c. par j. par an 401 f. 50 c.

A 1 fr. 15 cent. la chose.

2 val	2 f. 30 c.		31 val	35 f.	65
3 —	3	45	32 —	36	80
4 —	4	60	33 —	37	95
5 —	5	75	34 —	39	10
6 —	6	90	35 —	40	25
7 —	8	05	36 —	41	40
8 —	9	20	37 —	42	55
9 —	10	35	38 —	43	70
10 —	11	50	39 —	44	85
11 —	12	65	40 —	46	00
12 —	13	80	50 —	57	50
13 —	14	95	60 —	69	00
14 —	16	10	70 —	80	50
15 —	17	25	80 —	92	00
16 —	18	40	90 —	103	50
17 —	19	55	100 —	115	
18 —	20	70	200 —	230	
19 —	21	85	300 —	345	
20 —	23	00	400 —	460	
21 —	24	15	500 —	575	
22 —	25	30			
23 —	26	45	Les 3 quarts,	86 c.	
24 —	27	60	Le demi,	57	
25 —	28	75	Le quart,	28	
26 —	29	90	Le huitième,	14	
27 —	31	05	Les 2 tiers,	76	
28 —	32	20	Le tiers,	38	
29 —	33	35	Le sixième,	19	
30 —	34	50	Le douzième,	9	

A 1 f. 15 c. par j. par an 419 f. 75 c.

8

A 1 fr. 20 cent. la chose.

2 val	2 f. 40	31 val	37 f.	20
3 —	3 60	32 —	38	40
4 —	4 80	33 —	39	60
5 —	6 00	34 —	40	80
6 —	7 20	35 —	42	00
7 —	8 40	36 —	43	20
8 —	9 60	37 —	44	40
9 — 10	80	38 —	45	60
10 — 12	00	39 —	46	80
11 — 13	20	40 —	48	
12 — 14	40	50 —	60	
13 — 15	60	60 —	72	
14 — 16	80	70 —	84	
15 — 18	00	80 —	96	
16 — 19	20	90 —	108	
17 — 20	40	100 —	120	
18 — 21	60	200 —	240	
19 — 22	80	300 —	360	
20 — 24	00	400 —	480	
21 — 25	20	500 —	600	
22 — 26	40			
23 — 27	60	Les 3 quarts,	90 c.	
24 — 28	80	Le demi,	60	
25 — 30	00	Le quart,	30	
26 — 31	20	Le huitième,	15	
27 — 32	40	Les 2 tiers,	80	
28 — 33	60	Le tiers,	40	
29 — 34	80	Le sixième,	20	
30 — 36	00	Le douzième,	10	

A 1 f. 20 c. par j. par an 438 f.

A 1 fr. 25 cent. la chose.

2 val	2 f.	50 c.	31 val	38 f.	75
3 —	3	75	32 —	40	00
4 —	5	00	33 —	41	25
5 —	6	25	34 —	42	50
6 —	7	50	35 —	43	75
7 —	8	75	36 —	45	00
8 —	10	00	37 —	46	25
9 —	11	25	38 —	47	50
10 —	12	50	39 —	48	75
11 —	13	75	40 —	50	00
12 —	15	00	50 —	62	50
13 —	16	25	60 —	75	00
14 —	17	50	70 —	87	50
15 —	18	75	80 —	100	00
16 —	20	00	90 —	112	50
17 —	21	25	100 —	125	
18 —	22	50	200 —	250	
19 —	23	75	300 —	375	
20 —	25	00	400 —	500	
21 —	26	25	500 —	625	
22 —	27	50			
23 —	28	75	Les 3 quarts,	93 c.	
24 —	30	00	Le demi,	62	
25 —	31	25	Le quart,	31	
26 —	32	50	Le huitième,	15	
27 —	33	75	Les 2 tiers,	83	
28 —	35	00	Le tiers,	41	
29 —	36	25	Le sixième,	20	
30 —	37	50	Le douzieme,	10	

A 1 f. 25 c. par j. par an 456 f. 25 c.

A 1 fr. 30 cent. la chose.

2 val	2 f.	60	31 val	40 f.	30
3 —	3	90	32 —	41	60
4 —	5	20	33 —	42	90
5 —	6	50	34 —	44	20
6 —	7	80	35 —	45	50
7 —	9	10	36 —	46	80
8 —	10	40	37 —	48	10
9 —	11	70	38 —	49	40
10 —	13	00	39 —	50	70
11 —	14	30	40 —	52	
12 —	15	60	50 —	65	
13 —	16	90	60 —	78	
14 —	18	20	70 —	91	
15 —	19	50	80 —	104	
16 —	20	80	90 —	117	
17 —	22	10	100 —	130	
18 —	23	40	200 —	260	
19 —	24	70	300 —	390	
20 —	26	00	400 —	520	
21 —	27	30	500 —	650	
22 —	28	60			
23 —	29	90	Les 3 quarts,	97 c.	
24 —	31	20	Le demi,	65	
25 —	32	50	Le quart,	32	
26 —	33	80	Le huitième,	16	
27 —	35	10	Les 2 tiers,	86	
28 —	36	40	Le tiers,	43	
29 —	37	70	Le sixième,	21	
30 —	39	00	Le douzième,	10	

A 1 f. 30 c. par j. par an 474 f. 50 c.

A 1 f. 35 cent. la chose.

2 val	2 f. 70		31 val	41 f.	85	
3 —	4	05	32 —	43	20	
4 —	5	40	33 —	44	55	
5 —	6	75	34 —	45	90	
6 —	8	10	35 —	47	25	
7 —	9	45	36 —	48	60	
8 —	10	80	37 —	49	95	
9 —	12	15	38 —	51	30	
10 —	13	50	39 —	52	65	
11 —	14	85	40 —	54	00	
12 —	16	20	50 —	67	50	
13 —	17	55	60 —	81	00	
14 —	18	90	70 —	94	50	
15 —	20	25	80 —	108	00	
16 —	21	60	90 —	121	50	
17 —	22	95	100 — 135			
18 —	24	30	200 — 270			
19 —	25	65	300 — 405			
20 —	27	00	400 — 540			
21 —	28	35	500 — 675			
22 —	29	70				
23 —	31	05	Les 3 qts.,	1 f.	1	
24 —	32	40	Le demi,		67	
25 —	33	75	Le quart,		33	
26 —	35	10	Le huit.,		16	
27 —	36	45	Les 2 tiers,		90	
28 —	37	80	Le tiers,		45	
29 —	39	15	Le sixième,		22	
30 —	40	50	Le douzième,		11	

A 1 f. 35 c. par j. par an 492 f. 75 c.

A 1 fr. 40 cent. la chose.

2 val	2 f. 80		31 val	43 f.	40
3 —	4 20		32 —	44	80
4 —	5 60		33 —	46	20
5 —	7 00		34 —	47	60
6 —	8 40		35 —	49	00
7 —	9 80		36 —	50	40
8 —	11 20		37 —	51	80
9 —	12 60		38 —	53	20
10 —	14 00		39 —	54	60
11 —	15 40		40 —	56	
12 —	16 80		50 —	70	
13 —	18 20		60 —	84	
14 —	19 60		70 —	98	
15 —	21 00		80 —	112	
16 —	22 40		90 —	126	
17 —	23 80		100 —	140.	
18 —	25 20		200 —	280	
19 —	26 60		300 —	420	
20 —	28 00		400 —	560	
21 —	29 40		500 —	700	
22 —	30 80				
23 —	32 20		Les 3 qts,	1 f. 5	
24 —	33 60		Le demi,	70	
25 —	35 00		Le quart,	35	
26 —	36 40		Le huit.,	17	
27 —	37 80		Les 2 tiers,	92	
28 —	39 20		Le tiers,	46	
29 —	40 60		Le sixième,	23	
30 —	42 00		Le douz.,	11	

A 1 f. 40 c. par j. par an 511 f. 00 c.

A 1 fr. 45 cent. la chose.

2 val	2 f. 90		31 val	44 f. 95
3 —	4 35		32 —	46 40
4 —	5 80		33 —	47 85
5 —	7 25		34 —	49 30
6 —	8 70		35 —	50 75
7 —	10 15		36 —	52 20
8 —	11 60		37 —	53 65
9 —	13 05		38 —	55 10
10 —	14 50		39 —	56 55
11 —	15 95		40 —	58 00
12 —	17 40		50 —	72 50
13 —	18 85		60 —	87 00
14 —	20 30		70 —	101 50
15 —	21 75		80 —	116 00
16 —	23 20		90 —	130 50
17 —	24 65		100 —	145
18 —	26 10		200 —	290
19 —	27 55		300 —	435
20 —	29 00		400 —	580
21 —	30 45		500 —	725
22 —	31 90			
23 —	33 35		Les 3 qts,	1 f. 8
24 —	34 89		Le demi,	72
25 —	36 25		Le quart,	36
26 —	37 70		Le huitième,	18
27 —	39 15		Les 2 tiers,	96
28 —	40 60		Le tiers,	48
29 —	42 05		Le sixième,	24
30 —	43 50		Le douz.,	12

A 1 f. 45 c. par j. par an 529 f. 25 c.

A 1 fr. 50 cent. la chose.

2 val 3 f. 00	31 val 46 f. 50
3 — 4 50	32 — 48 00
4 — 6 00	33 — 49 50
5 — 7 50	34 — 51 00
6 — 9 00	85 — 52 50
7 — 10 50	36 — 54 00
8 — 12 00	87 — 55 50
9 — 13 50	88 — 57 00
10 — 15 00	89 — 58 50
11 — 16 50	40 — 60 00
12 — 18 00	50 — 75 50
13 — 19 50	60 — 90
14 — 21 00	70 — 105
15 — 22 50	80 — 120
16 — 24 00	90 — 135
17 — 25 50	100 — 150
18 — 27 00	200 — 300
19 — 28 50	300 — 450
20 — 30 00	400 — 600
21 — 81 50	500 — 750
22 — 33 00	
23 — 34 50	Les 3 q.ts, 1 f. 12
24 — 36 00	Le demi, 73
25 — 37 50	Le quart, 37
26 — 39 00	Le huit., 18
27 — 40 50	Les 2 tiers, 1
28 — 42 00	Le tiers, 50
29 — 43 50	Le sixième, 25
30 — 45 00	Le douz., 12

A 1 f. 50 c. par j. par an 547 f. 50 c.

A 1 fr. 55 cent. la chose.

2 val	3 f.	10	31 val	48 f.	05
3 —	4	65	32 —	49	60
4 —	6	20	33 —	51	15
5 —	7	75	34 —	52	70
6 —	9	30	35 —	54	25
7 —	10	85	36 —	55	80
8 —	12	40	37 —	57	35
9 —	13	95	38 —	58	90
10 —	15	50	39 —	60	45
11 —	17	05	40 —	62	00
12 —	18	60	50 —	77	50
13 —	20	15	60 —	93	00
14 —	21	70	70 —	108	50
15 —	23	25	80 —	124	00
16 —	24	80	90 —	139	50
17 —	26	35	100 —	155	
18 —	27	90	200 —	310	
19 —	29	45	300 —	465	
20 —	21	00	400 —	620	
21 —	32	55	500 —	775	
22 —	34	10			
23 —	35	65	Les 3 qts,	1 f.	14
24 —	37	20	Le demi,		77
25 —	38	75	Le quart,		38
26 —	40	30	Le huit.,		19
27 —	41	85	Les 2 tiers, 1		3
28 —	43	40	Le tiers,		31
29 —	44	95	Le sixième,		25
30 —	46	50	Le douz.,		12

A 1 f. 55 c. par j. par an 565 f. 75 c.

A 1 fr. 60 cent. la chose.				
2 val	3 f. 20	31 val	49 f. 60	
3 —	4 80	32 —	51 20	
4 —	6 40	33 —	52 80	
5 —	8 00	34 —	54 40	
6 —	9 60	35 —	56 00	
7 —	10 20	36 —	57 60	
8 —	12 80	37 —	59 20	
9 —	14 40	38 —	60 80	
10 —	16 00	39 —	62 40	
11 —	17 60	40 —	64	
12 —	19 20	50 —	80	
13 —	20 80	60 —	96	
14 —	22 40	70 —	112	
15 —	24 00	80 —	128	
16 —	25 60	90 —	144	
17 —	27 20	100 —	160	
18 —	28 80	200 —	320	
19 —	30 40	300 —	480	
20 —	32 00	400 —	640	
21 —	33 60	500 —	800	
22 —	35 20			
23 —	36 80	Les 3 qts,	1 f. 20	
24 —	38 40	Le demi,	80	
25 —	40 00	Le quart,	40	
26 —	41 60	Le huit.,	20	
27 —	43 20	Les 2 tiers, 1	6	
28 —	44 80	Le tiers,	53	
29 —	46 40	Le sixième,	26	
30 —	48 00	Le douz.,	13	

A 1 f. 60 c. par j. par an 584 f. 00 c.

A 1 fr. 65 cent. la chose.					
2 val	3 f.	30	31 val	51 f.	15
3 —	4	95	32 —	52	80
4 —	6	60	33 —	54	45
5 —	8	25	34 —	56	10
6 —	9	90	35 —	57	75
7 —	11	55	36 —	59	40
8 —	13	20	37 —	61	05
9 —	14	85	38 —	62	70
10 —	16	50	39 —	64	35
11 —	18	15	40 —	66	00
12 —	19	80	50 —	82	50
13 —	21	45	60 —	99	00
14 —	23	10	70 —	115	50
15 —	24	75	80 —	132	00
16 —	26	42	90 —	148	50
17 —	28	05	100 —	165	
18 —	29	70	200 —	330	
19 —	31	35	300 —	495	
20 —	33	00	400 —	660	
21 —	34	65	500 —	825	
22 —	36	30			
23 —	37	95	Les 3 qts,	1 f.	23
24 —	39	60	Le demi,		82
25 —	41	25	Le quart,		41
26 —	42	90	Le huit.,		20
27 —	44	55	Les 2 tiers,	1	10
28 —	46	20	Le tiers,		55
29 —	47	85	Le sixième,		27
30 —	49	50	Le douz.,		11

A 1 f. 65 c. par j. par an 602 f. 25 c.

A 1 fr. 70 cent. la chose.

2 val	3 f.	40	31 val	52 f.	70
3 —	5	10	32 —	54	40
4 —	6	80	33 —	56	10
5 —	8	50	34 —	57	80
6 —	10	20	35 —	59	50
7 —	11	90	36 —	61	20
8 —	13	60	37 —	62	90
9 —	15	30	38 —	64	60
10 —	17	00	39 —	66	30
11 —	18	70	40 —	68	
12 —	20	40	50 —	85	
13 —	22	10	60 —	102	
14 —	23	80	70 —	119	
15 —	25	50	80 —	136	
16 —	27	20	90 —	153	
17 —	28	90	100 —	170	
18 —	30	60	200 —	340	
19 —	32	30	300 —	510	
20 —	34	00	400 —	680	
21 —	35	70	500 —	850	
22 —	37	40			
23 —	39	10	Les 3 qts,	1 f.	27
24 —	40	80	Le demi,		85
25 —	42	50	Le quart,		42
26 —	44	20	Le huit.,		21
27 —	45	90	Les 2 tiers,	1	12
28 —	47	60	Le tiers,		56
29 —	49	30	Le sixième,		28
30 —	50	00	Le douz.,		14

A 1 f. 70 c. par j. par an 620 f. 50 c.

A 1 fr. 75 cent. la chose.

2 val	3 f. 50		31 val	54 f.	25
3 —	5	25	32 —	56	00
4 —	7	00	33 —	57	75
5 —	8	75	34 —	59	50
6 —	10	50	35 —	61	25
7 —	12	25	36 —	63	00
8 —	14	00	37 —	64	75
9 —	15	75	38 —	66	50
10 —	17	50	39 —	68	25
11 —	19	25	40 —	70	00
12 —	21	00	50 —	87	50
13 —	22	75	60 —	105	00
14 —	24	50	70 —	122	50
15 —	26	25	80 —	140	00
16 —	28	00	90 —	157	50
17 —	29	75	100 —	175	
18 —	31	50	200 —	350	
19 —	33	25	300 —	525	
20 —	35	00	400 —	700	
21 —	36	75	500 —	875	
22 —	38	50			
23 —	40	25	Les 3 qts,	1 f.	31
24 —	42	00	Le demi,		87
25 —	43	75	Le quart,		43
26 —	45	50	Le huit.,		21
27 —	47	25	Les 2 tiers,	1	17
28 —	49	00	Le tiers,		58
29 —	50	75	Le sixième,		29
30 —	52	50	Le douz.,		14

A 1 f. 75 c. par j. par an 638 f. 75 c.

A 1 fr. 80 cent. la chose.

2 val	3 f. 60		31 val	55 f.	80
3 —	5	40	32 —	57	60
4 —	7	20	33 —	59	40
5 —	9	00	34 —	61	20
6 —	10	80	35 —	63	00
7 —	12	60	36 —	64	80
8 —	14	40	37 —	66	60
9 —	16	20	38 —	68	40
10 —	18	00	39 —	70	20
11 —	19	80	40 —	72	
12 —	21	60	50 —	90	
13 —	23	40	60 —	108	
14 —	25	20	70 —	126	
15 —	27	00	80 —	144	
16 —	28	80	90 —	162	
17 —	30	60	100 —	180	
18 —	32	40	200 —	360	
19 —	34	20	300 —	540	
20 —	36	00	400 —	720	
21 —	37	80	500 —	900	
22 —	39	60			
23 —	41	40	Les 3 qts,	1 f.	35
24 —	43	20	Le demi,		90
25 —	45	00	Le quart,		45
26 —	46	80	Le huit.,		22
27 —	48	60	Les 2 tiers,	1	20
28 —	50	40	Le tiers,		60
29 —	52	20	Le sixième,		30
30 —	54	00	Le douz.,		15

A 1 f. 80 c. par j. par an 657 f. 00 c.

A 1 fr. 85 cent. la chose.					
2 val	3 f. 70		31 val	57 f.	35
3 —	5	55	32 —	59	20
4 —	7	40	33 —	61	05
5 —	9	25	34 —	62	90
6 —	11	10	35 —	64	75
7 —	12	95	36 —	66	60
8 —	14	80	37 —	68	45
9 —	16	65	38 —	70	30
10 —	18	50	39 —	72	15
11 —	20	35	40 —	74	00
12 —	22	20	50 —	92	50
13 —	24	05	60 —	111	00
14 —	25	90	70 —	129	50
15 —	27	75	80 —	148	00
16 —	29	60	90 —	166	50
17 —	31	45	100 —	185	
18 —	33	30	200 —	370	
19 —	35	15	300 —	555	
20 —	37	00	400 —	740	
21 —	38	85	500 —	925	
22 —	40	70			
23 —	42	55	Les 3 qts,	1 f.	38
24 —	44	40	Le demi,		92
25 —	46	25	Le quart,		46
26 —	48	10	Le huit.,		23
27 —	49	95	Les 2 tiers,	1	23
28 —	51	80	Le tiers,		61
29 —	53	65	Le sixième,		30
30 —	55	50	Le douz.,		15

A 1 f. 85 c. par j. par an 675 f. 25 c.

A 1 fr. 90 cent. la chose.

2 val	3 f. 80		31 val	58 f. 90
3 —	5 70		32 —	60 80
4 —	7 60		33 —	62 70
5 —	9 50		34 —	64 60
6 —	11 40		35 --	66 50
7 —	13 30		36 —	68 40
8 —	15 20		37 —	70 30
9 —	17 10		38 —	72 20
10 —	19 00		39 —	74 10
11 —	20 90		40 —	76
12 —	22 80		50 —	95
13 —	24 70		60 —	114
14 —	26 60		70 —	133
15 —	28 50		80 —	152
16 —	30 40		90 —	171
17 —	32 30		100 —	190
18 —	34 20		200 —	380
19 —	36 10		300 —	570
20 —	38 00		400 —	760
21 —	39 90		500 —	950
22 —	41 80			
23 —	43 70		Les 3 qts,	1 f. 41
24 —	45 60		Le demi,	95
25 —	47 50		Le quart,	47
26 —	49 40		Le huitième,	23
27 —	51 30		Les 2 tiers,	26
28 —	53 20		Le tiers,	63
29 —	55 10		Le sixième,	31
30 —	57 00		Le douz.,	15

A 1 f. 90 c. par j. par an 693 f. 50 c.

A 1 f. 95 cent. la chose.

2 val	3 f.	90	31 val	60 f.	45
3 —	5	85	32 —	62	40
4 —	7	80	33 —	64	35
5 —	9	75	34 —	66	30
6 —	11	70	35 —	68	25
7 —	13	65	36 —	70	20
8 —	15	60	37 —	72	15
9 —	17	55	38 —	74	10
10 —	19	50	39 —	76	05
11 —	21	45	40 —	78	00
12 —	23	40	50 —	97	50
13 —	25	35	60 —	117	00
14 —	27	30	70 —	136	50
15 —	29	25	80 —	156	00
16 —	31	20	90 —	175	50
17 —	33	15	100 —	195	
18 —	35	10	200 —	390	
19 —	37	05	300 —	585	
20 —	39	00	400 —	780	
21 —	40	95	500 —	975	
22 —	42	90			
23 —	44	85	Les 3 qts.,	1 f.	46
24 —	46	80	Le demi,		67
25 —	48	75	Le quart,		49
26 —	50	70	Le huit.,		24
27 —	52	55	Les 2 tiers,	1	30
28 —	54	60	Le tiers,		65
29 —	56	55	Le sixieme,		33
30 —	58	50	Le douz.,		16

A 1 f. 95 c. par j. par an 711 f. 75 c.

A 2 fr. la chose.

2 val 4 f.		31 val	62 f.	
3 — 6		32 —	64	
4 — 8		33 —	66	
5 — 10		34 —	68	
6 — 12		35 —	70	
7 — 14		36 —	72	
8 — 16		37 —	74	
9 — 18		38 —	76	
10 — 20		39 —	78	
11 — 22		40 —	80	
12 — 24		50 —	100	
13 — 26		60 —	120	
14 — 28		70 —	140	
15 — 30		80 —	160	
16 — 32		90 —	180	
17 — 34		100 —	200	
18 — 36		200 —	400	
19 — 38		300 —	600	
20 — 40		400 —	800	
21 — 42		500 —	1000	
22 — 44				
23 — 46		Les 3 qts,	1 f. 50	
24 — 48		Le demi,	1 00	
25 — 50		Le quart,	50	
26 — 52		Le huitième,	25	
27 — 54		Les 2 tiers,	1 32	
28 — 56		Le tiers,	66	
29 — 58		Le sixième,	33	
30 — 60		Le douzième,	16	

A 2 f. par j. par an 730 f.

A 3 fr. la chose.

2 val 6 f.		31 val	93 f.	
3 — 9		32 —	96	
4 — 12		33 —	99	
5 — 15		34 —	102	
6 — 18		35 —	105	
7 — 21		36 —	108	
8 — 24		37 —	111	
9 — 27		38 —	114	
10 — 30		39 —	117	
11 — 33		40 —	120	
12 — 36		50 —	150	
13 — 39		60 —	180	
14 — 42		70 —	210	
15 — 45		80 —	240	
16 — 48		90 —	270	
17 — 51		100 —	300	
18 — 54		200 —	600	
19 — 57		300 —	900	
20 — 60		400 —	1200	
21 — 63		500 —	1500	
22 — 66				
23 — 69		Les 3 qts,	2 f.	25
24 — 72		Le demi,	1	50
25 — 75		Le quart,		75
26 — 78		Le huit.,		37
27 — 81		Les 2 tiers,	2	00
28 — 84		Le tiers,	1	00
29 — 87		Le sixième,		50
30 — 90		Le douz.,		25

A 3 f. par j. par an 1095 f.

A 4 fr. la chose.

2 val	8 f.			31 val	124 f.	
3 —	12			32 —	128	
4 —	16			33 —	132	
5 —	20			34 —	136	
6 —	24			35 —	140	
7 —	28			36 —	144	
8 —	32			37 —	148	
9 —	36			38 —	152	
10 —	40			39 —	156	
11 —	44			40 —	160	
12 —	48			50 —	200	
13 —	52			60 —	240	
14 —	56			70 —	280	
15 —	60			80 —	320	
16 —	64			90 —	360	
17 —	68			100 —	400	
18 —	72			200 —	800	
19 —	76			300 —	1200	
20 —	80			400 —	1600	
21 —	84			500 —	2000	
22 —	88					
23 —	92			Les 3 q¼s,	3 f.	00
24 —	96			Le demi,	1	04
25 —	100			Le quart,	1	00
26 —	104			Le huit.,		50
27 —	108			Les 2 tiers,	2	06
28 —	112			Le tiers,	1	33
29 —	116			Le sixième ,		66
30 —	120			Le douz.,		33

A 4 f. par j. par an 1460 f.

A 5 fr. la chose.

2 val	10 f.		31 val	155 f.	
3 —	15		32 —	160	
4 —	20		33 —	165	
5 —	25		34 —	170	
6 —	30		35 —	175	
7 —	35		36 —	180	
8 —	40		37 —	185	
9 —	45		38 —	190	
10 —	50		39 —	195	
11 —	55		40 —	200	
12 —	60		50 —	255	
13 —	65		60 —	300	
14 —	70		70 —	350	
15 —	75		80 —	400	
16 —	80		90 —	450	
17 —	85		100 —	500	
18 —	90		200 —	1000	
19 —	95		300 —	1500	
20 —	100		400 —	2000	
21 —	105		500 —	2500	
22 —	110				
23 —	115		Les 3 ⁻ts,	3 f.	75
24 —	120		Le demi,	2	50
25 —	135		Le quart,	1	25
26 —	130		Le huit.,		62
27 —	125		Les 2 tiers,	3	32
28 —	140		Le tiers,	1	66
29 —	145		Le sixième,		83
30 —	150		Le douz.,		41

A 5 f. par j. par an 1825 f.

A 6 fr. la chose.		
2 val 12 f.	31 val 186 f.	
3 — 18	32 — 192	
4 — 24	33 — 198	
5 — 30	34 — 204	
6 — 36	35 — 210	
7 — 42	36 — 216	
8 — 48	37 — 222	
9 — 54	38 — 228	
10 — 60	39 — 234	
11 — 66	40 — 240	
12 — 72	50 — 300	
13 — 78	60 — 360	
14 — 84	70 — 420	
15 — 90	80 — 480	
16 — 96	90 — 540	
17 — 102	100 — 600	
18 — 108	200 — 1200	
19 — 114	300 — 1800	
20 — 120	400 — 2400	
21 — 126	500 — 3000	
22 — 132		
23 — 138	Les 3 qts,	4 f. 50
24 — 144	Le demi,	3 00
25 — 150	Le quart,	1 50
26 — 156	Le huit.,	75
27 — 162	Les 2 tiers,	4 00
28 — 168	Le tiers,	2 00
29 — 174	Le sixième,	1 00
30 — 180	Le douz.,	50

A 6 f. par j. par an 2190 f.

A 7 fr. la chose.

2 val	14 f.		31 val	217 f.	
3 —	21		32 —	224	
4 —	28		33 —	231	
5 —	35		34 —	238	
6 —	42		35 —	245	
7 —	49		36 —	252	
8 —	56		37 —	259	
9 —	63		38 —	266	
10 —	70		39 —	273	
11 —	77		40 —	280	
12 —	84		50 —	350	
13 —	91		60 —	450	
14 —	98		70 —	520	
15 —	105		80 —	590	
16 —	112		90 —	600	
17 —	119		100 —	700	
18 —	126		200 —	1400	
19 —	133		300 —	2100	
20 —	140		400 —	2800	
21 —	147		500 —	3500	
22 —	154				
23 —	161		Les 3 qts,	5 f. 25	
24 —	168		Le demi,	3 50	
25 —	175		Le quart,	1 75	
26 —	182		Le huitième,	87	
27 —	189		Les 2 tiers,	4 66	
28 —	196		Le tiers,	2 32	
29 —	203		Le sixième,	1 16	
30 —	210		Le douz.,	58	

A 7 f. par j. par an 2555 f.

A 8 fr. la chose.

2 val	16 f.		31 val	248 f.	
3 —	24		32 —	256	
4 —	32		33 —	264	
5 —	40		34 —	272	
6 —	48		35 —	280	
7 —	56		36 —	288	
8 —	64		37 —	296	
9 —	72		38 —	304	
10 —	80		39 —	312	
11 —	88		40 —	320	
12 —	96		50 —	400	
13 —	104		60 —	480	
14 —	112		70 —	560	
15 —	120		80 —	640	
16 —	128		90 —	720	
17 —	136		100 —	800	
18 —	144		200 —	1600	
19 —	152		300 —	2400	
20 —	160		400 —	3200	
21 —	168		500 —	4000	
22 —	176				
23 —	184		Les 3 qts,	6 f.	00
24 —	192		Le demi,	4	00
25 —	200		Le quart,	2	00
26 —	208		Le huit.,	1	00
27 —	216		Les 2 tiers,	5	32
28 —	224		Le tiers,	2	66
29 —	232		Le sixième,	1	33
30 —	240		Le douz.,		66

A 8 f. par j. par an 2920 f.

A 9 fr. la chose.

2	val	18 f.	31	val	279 f.
3	—	27	32	—	288
4	—	36	33	—	297
5	—	45	34	—	306
6	—	54	35	—	315
7	—	63	36	—	324
8	—	72	37	—	333
9	—	81	38	—	342
10	—	90	39	—	351
11	—	99	40	—	360
12	—	108	50	—	450
13	—	117	60	—	540
14	—	126	70	—	630
15	—	135	80	—	720
16	—	144	90	—	810
17	—	153	100	—	900
18	—	162	200	—	1800
19	—	171	300	—	2700
20	—	180	400	—	3600
21	—	189	500	—	4500
22	—	198			
23	—	207	Les 3 qts,		6 f. 75
24	—	216	Le demi,		4 50
25	—	225	Le quart,		2 25
26	—	234	Le huitième,		1 12
27	—	243	Les 2 tiers,		6 00
28	—	252	Le tiers,		3 00
29	—	261	Le sixième,		1 50
30	—	270	Le douz.,		75

A 9 f. par j. par an 3885 f.

A 10 fr. la chose.	

2 val	20 f.	31 val	310 f.
3 —	30	32 —	320
4 —	40	33 —	330
5 —	50	34 —	340
6 —	60	35 —	350
7 —	70	36 —	360
8 —	80	37 —	370
9 —	90	38 —	380
10 —	100	39 —	390
11 —	110	40 —	400
12 —	120	50 —	500
13 —	130	60 —	600
14 —	140	70 —	700
15 —	150	80 —	800
16 —	160	90 —	900
17 —	170	100 —	1000
18 —	180	200 —	2000
19 —	190	300 —	3000
20 —	200	400 —	4000
21 —	210	500 —	5000
22 —	220		
23 —	230	Les 3 qts,	7 f. 50
24 —	240	Le demi,	5 00
25 —	250	Le quart,	2 50
26 —	260	Le huit.,	1 25
27 —	270	Les 2 tiers,	6 66
28 —	280	Le tiers,	3 33
29 —	290	Le sixième,	1 66
30 —	300	Le douz.,	83

A 10 f. par j. par an 3650 f.

A 11 fr. la chose.

2 val 22 f.			31 val 341 f.		
3 — 33			32 — 352		
4 — 44			33 — 363		
5 — 55			34 — 374		
6 — 66			35 — 385		
7 — 77			36 — 396		
8 — 88			37 — 407		
9 — 99			38 — 418		
10 — 110			39 — 429		
11 — 121			40 — 440		
12 — 132			50 — 550		
13 — 143			60 — 660		
14 — 154			70 — 770		
15 — 165			80 — 880		
16 — 176			90 — 990		
17 — 187			100 — 1100		
18 — 198			200 — 2200		
19 — 209			300 — 3300		
20 — 220			400 — 4400		
21 — 231			500 — 5500		
22 — 242					
23 — 253			Les 3 qts,	8 f. 25	
24 — 264			Le demi,	5 50	
25 — 275			Le quart,	2 75	
26 — 286			Le huit.,	1 37	
27 — 297			Les 2 tiers,	7 32	
28 — 308			Le tiers,	3 66	
29 — 319			Le sixième,	1 83	
30 — 330			Le douz.,	92	

A 11 f. par j. par an 4015 f.

A 12 fr. la chose.

2 vol 24 f.		31 val 372 f.	
3 — 36		32 — 384	
4 — 48		33 — 396	
5 — 60		34 — 408	
6 — 72		35 — 420	
7 — 84		36 — 432	
8 — 96		37 — 444	
9 — 108		38 — 456	
10 — 120		39 — 468	
11 — 132		40 — 480	
12 — 144		50 — 600	
13 — 156		60 — 720	
14 — 168		70 — 840	
15 — 180		80 — 960	
16 — 192		90 — 1080	
17 — 204		100 — 1200	
18 — 216		200 — 2400	
19 — 228		300 — 3600	
20 — 240		400 — 4800	
21 — 252		500 — 6000	
22 — 264			
23 — 276		Les 3 qts,	9 f. 00
24 — 288		Le demi,	6 00
25 — 300		Le quart,	3 00
26 — 312		Le huit.,	1 50
27 — 324		Les 2 tiers,	8 00
28 — 336		Le tiers,	4 00
29 — 348		Le sixième,	2 00
30 — 360		Le douz.,	1 00

A 12 f. par j. par an 4380 f.

A 13 fr. la chose.

2 val	26 f.		31 val	403 f.	
3 —	39		32 —	416	
4 —	52		33 —	429	
5 —	65		34 —	442	
6 —	78		35 —	455	
7 —	91		36 —	468	
8 —	104		37 —	481	
9 —	117		38 —	494	
10 —	130		39 —	507	
11 —	143		40 —	520	
12 —	156		50 —	650	
13 —	169		60 —	780	
14 —	182		70 —	910	
15 —	195		80 —	1040	
16 —	208		90 —	1170	
17 —	221		100 —	1300	
18 —	234		200 —	2600	
19 —	247		300 —	3900	
20 —	260		400 —	5200	
21 —	273		500 —	6500	
22 —	286				
23 —	299		Les 3 qts,	9 f.	75
24 —	312		Le demi,	6	50
25 —	325		Le quart,	3	25
26 —	338		Le huit.,	1	62
27 —	351		Les 2 tiers,	8	67
28 —	364		Le tiers,	4	33
29 —	377		Le sixième,	2	16
30 —	390		Le douz.,	1	8

A 13 f. par j. par an 4745 f.

A 14 fr. la chose.

2 val	28 f.	31 val	434 f.
3 —	42	32 —	448
4 —	56	33 —	462
5 —	70	34 —	476
6 —	84	35 —	490
7 —	98	36 —	504
8 —	112	37 —	518
9 —	126	38 —	532
10 —	140	39 —	546
11 —	154	40 —	560
12 —	168	50 —	700
13 —	182	60 —	840
14 —	196	70 —	980
15 —	210	80 —	1120
16 —	224	90 —	1260
17 —	238	100 —	1400
18 —	252	200 —	2800
19 —	266	300 —	4200
20 —	280	400 —	5600
21 —	294	500 —	7000
22 —	308		
23 —	322	Les 3 qts,	10 f. 50
24 —	336	Le demi,	7 00
25 —	350	Le quart,	3 50
26 —	364	Le huit.,	1 75
27 —	378	Les 2 tiers,	9 32
28 —	392	Le tiers,	4 66
29 —	406	Le sixième,	2 33
30 —	420	Le douz.,	2 16

A 14 f. par j. par an 5110 f.

A 15 fr. la chose.

2 val 30 f.		31 val 465 f.	
3 — 45		32 — 480	
4 — 60		33 — 495	
5 — 75		34 — 510	
6 — 90		35 — 525	
7 — 105		36 — 540	
8 — 120		37 — 555	
9 — 135		38 — 570	
10 — 150		39 — 585	
11 — 165		40 — 600	
12 — 180		50 — 750	
13 — 195		60 — 900	
14 — 210		70 — 1050	
15 — 225		80 — 1200	
16 — 240		90 — 1350	
17 — 255		100 — 1500	
18 — 270		200 — 3000	
19 — 285		300 — 4500	
20 — 300		400 — 6000	
21 — 315		500 — 7500	
22 — 330			
23 — 345		Les 3 qts,	11 f.25
24 — 360		Le demi,	7 50
25 — 375		Le quart,	3 75
26 — 390		Le huit.,	1 87
27 — 405		Les 2 tiers,	10 00
28 — 420		Le tiers,	5 00
29 — 435		Le sixième,	2 50
30 — 450		Le douz.,	1 25

A 15 f. par j. par an 5475 f.

A 16 fr. la chose.

2 val	32 f.		31 val	496 f.
3 —	48		32 —	512
4 —	64		33 —	528
5 —	80		34 —	544
6 —	96		35 —	560
7 —	112		36 —	576
8 —	128		37 —	592
9 —	144		38 —	608
10 —	160		39 —	624
11 —	176		40 —	640
12 —	192		50 —	800
13 —	208		60 —	960
14 —	224		70 —	1120
15 —	240		80 —	1280
16 —	256		90 —	1440
17 —	272		100 —	1600
18 —	288		200 —	3200
19 —	304		300 —	4800
20 —	320		400 —	6400
21 —	336		500 —	8000
22 —	352			
23 —	368		Les 3 qts,	12 f. 00
24 —	384		Le demi,	8 00
25 —	400		Le quart,	4 00
26 —	416		Le huit.,	2 00
27 —	432		Les 2 tiers,	10 66
28 —	448		Le tiers,	5 33
29 —	464		Le sixième,	2 16
30 —	480		Le douz.,	1 33

A 16 f. par j. par an 5840 f.

A 17 fr. la chose.

2 val	34 f.	31 val	527 f.
3 —	51	32 —	544
4 —	68	33 —	561
5 —	85	34 —	578
6 —	102	35 —	595
7 —	119	36 —	612
8 —	136	37 —	629
9 —	153	38 —	646
10 —	170	39 —	663
11 —	187	40 —	680
12 —	204	50 —	850
13 —	221	60 —	1020
14 —	238	70 —	1190
15 —	255	80 —	1360
16 —	272	90 —	1530
17 —	289	100 —	1700
18 —	306	200 —	3400
19 —	323	300 —	5100
20 —	340	400 —	6800
21 —	357	500 —	8500
22 —	374		
23 —	391	Les 3 qts,	12 f. 75
24 —	408	Le demi,	8 50
25 —	425	Le quart,	4 25
26 —	442	Le huit.,	2 12
27 —	459	Les 2 tiers,	11 32
28 —	476	Le tiers,	5 68
29 —	493	Le sixième,	2 25
30 —	510	Le douz.,	1 41

A 17 f. par j. par an 6205 f.

10

A 18 fr. la chose.

2 val 36 f.			31 val	558 f.
3 — 54			32 —	576
4 — 72			33 —	594
5 — 90			34 —	612
6 — 108			35 —	630
7 — 126			36 —	648
8 — 144			37 —	666
9 — 162			38 —	684
10 — 180			39 —	702
11 — 198			40 —	720
12 — 216			50 —	900
13 — 234			60 —	1080
14 — 252			70 —	1260
15 — 270			80 —	1440
16 — 288			90 —	1620
17 — 306			100 —	1800
18 — 324			200 —	3600
19 — 342			300 —	5400
20 — 360			400 —	7200
21 — 378			500 —	9000
22 — 396				
23 — 414			Les 3 qts,	13 f. 50
24 — 432			Le demi,	9 00
25 — 450			Le quart,	4 50
26 — 468			Le huit.,	2 25
27 — 486			Les 2 tiers,	12 00
28 — 504			Le tiers,	6 00
29 — 522			Le sixième,	3 00
30 — 540			Le douz.,	1 50

A 18 f. par j. par an 6570 f.

A 19 fr. la chose.

2 val 38 f.		31 val	589 f.	
3 — 57		32 —	508	
4 — 76		33 —	627	
5 — 95		34 —	646	
6 — 114		35 —	665	
7 — 133		36 —	684	
8 — 152		37 —	703	
9 — 171		38 —	722	
10 — 190		39 —	741	
11 — 209		40 —	760	
12 — 228		50 —	950	
13 — 247		60 —	1140	
14 — 266		70 —	1330	
15 — 285		80 —	1520	
16 — 304		90 —	1710	
17 — 323		100 —	1900	
18 — 342		200 —	3800	
19 — 361		300 —	5700	
20 — 380		400 —	7600	
21 — 399		500 —	9500	
22 — 418				
23 — 437		Les 3 qts,	14 f.	25
24 — 456		Le demi,	9	50
25 — 475		Le quart,	4	75
26 — 494		Le huit.,	2	37
27 — 513		Les 2 tiers,	12	00
28 — 532		Le tiers,	6	00
29 — 551		Le sixième,	3	50
30 — 570		Le douz.,	1	25

A 19 f. par j. par an 6935 f.

A 20 fr. la chose.

2 val	40 f.		31 val	620 f.
3 —	60		32 —	640
4 —	80		33 —	660
5 —	100		34 —	680
6 —	120		35 —	700
7 —	140		36 —	720
8 —	160		37 —	740
9 —	180		38 —	760
10 —	200		39 —	780
11 —	220		40 —	800
12 —	240		50 —	1000
13 —	260		60 —	1200
14 —	280		70 —	1400
15 —	300		80 —	1600
16 —	320		90 —	1800
17 —	340		100 —	2000
18 —	360		200 —	4000
19 —	380		300 —	6000
20 —	400		400 —	8000
21 —	420		500 —	10000
22 —	440			
23 —	460		Les 3 qts,	15 f. 00
24 —	480		Le demi,	10 00
25 —	500		Le quart,	5 00
26 —	520		Le huit.,	2 50
27 —	540		Les 2 tiers	13 33
28 —	560		Le tiers,	6 66
29 —	580		Le sixième,	3 33
30 —	600		Le douz.,	1 66

A 20 f. par j. par an 7300 f.

A 21 fr. la chose.

2 val	42 f.	31 val	651 f.
3 —	63	32 —	672
4 —	84	33 —	693
5 —	105	34 —	714
6 —	126	35 —	735
7 —	147	36 —	756
8 —	168	37 —	777
9 —	189	38 —	798
10 —	210	39 —	819
11 —	231	40 —	840
12 —	252	50 —	1050
13 —	273	60 —	1260
14 —	294	70 —	1470
15 —	315	80 —	1680
16 —	336	90 —	1890
17 —	357	100 —	2100
18 —	378	200 —	4200
19 —	399	300 —	6300
20 —	420	400 —	8400
21 —	441	500 —	10500
22 —	462		
23 —	483	Les 3 qts,	15 f. 75
24 —	504	Le demi,	10 50
25 —	525	Le quart,	5 25
26 —	546	Le huit.,	2 62
27 —	567	Les 2 tiers,	14 00
28 —	588	Le tiers,	7 00
29 —	609	Le sixième,	3 50
30 —	630	Le douz.,	1 75

A 21 f. par j. par an 7665 f.

A 22 fr. la chose.

2 val	44 f.	31 val	682 f.	
3 —	66	32 —	704	
4 —	88	33 —	726	
5 —	110	34 —	748	
6 —	132	35 —	770	
7 —	154	36 —	792	
8 —	176	37 —	814	
9 —	198	38 —	836	
10 —	220	39 —	858	
11 —	242	40 —	880	
12 —	264	50 —	1100	
13 —	286	60 —	1320	
14 —	308	70 —	1540	
15 —	330	80 —	1760	
16 —	352	90 —	1980	
17 —	374	100 —	2200	
18 —	396	200 —	4400	
19 —	418	300 —	6600	
20 —	440	400 —	8800	
21 —	462	500 —	11000	
22 —	484			
23 —	506	Les 3 qts,	16 f.	50
24 —	528	Le demi,	11	
25 —	550	Le quart,	5	50
26 —	572	Le huit.,	2	75
27 —	594	Les 2 tiers,	14	66
28 —	616	Le tiers,	7	33
29 —	638	Le sixième,	3	66
30 —	660	Le douz..	1	83

A 22 f. par j. par an 8030 f.

A 23 fr. la chose.

2 val 46 f.		31 val	713 f.	
3 — 69		32 —	736	
4 — 92		33 —	759	
5 — 115		34 —	782	
6 — 138		35 —	805	
7 — 161		36 —	828	
8 — 184		37 —	851	
9 — 207		38 —	874	
10 — 230		39 —	897	
11 — 253		40 —	920	
12 — 276		50 —	1150	
13 — 299		60 —	1380	
14 — 322		70 —	1620	
15 — 345		80 —	1840	
16 — 368		90 —	2070	
17 — 391		100 —	2300	
18 — 414		200 —	4600	
19 — 437		300 —	6900	
20 — 460		400 —	9200	
21 — 483		500 —	10500	
22 — 506				
23 — 529		Les 3 qts,	17 f.	25
24 — 552		Le demi,	11	50
25 — 575		Le quart,	5	75
26 — 598		Le huit.,	2	87
27 — 621		Les 2 tiers,	15	33
28 — 644		Le tiers,	7	66
29 — 667		Le sixième,	3	83
30 — 699		Le douz.,	1	91

A 23 f. par j. per an 8395 f.

A 24 fr. la chose.

2 val	48 f.		31 val	744 f.	
3 —	72		32 —	768	
4 —	96		33 —	792	
5 —	120		34 —	816	
6 —	144		35 —	840	
7 —	168		36 —	864	
8 —	192		37 —	888	
9 —	216		38 —	912	
10 —	240		39 —	936	
11 —	264		40 —	960	
12 —	288		50 —	1200	
13 —	312		60 —	1440	
14 —	336		70 —	1680	
15 —	360		80 —	1920	
16 —	384		90 —	2160	
17 —	408		100 —	2400	
18 —	432		200 —	4800	
19 —	456		300 —	7200	
20 —	480		400 —	9600	
21 —	504		500 —	12000	
22 —	528				
23 —	552		Les 3 qts,	18 f.	00
24 —	576		Le demi,	12	00
25 —	600		Le quart,	6	00
26 —	624		Le huit.,	3	00
27 —	648		Les 2 tiers,	16	00
28 —	672		Le tiers,	8	00
29 —	696		Le sixième,	4	00
30 —	720		Le douz.,	2	00

A 24 f. par j. par an 8760 f.

A 25 fr. la chose.

2 val 50 f.		31 val	775 f.	
3 — 75		32 —	800	
4 — 100		33 —	825	
5 — 125		34 —	850	
6 — 150		35 —	875	
7 — 175		36 —	900	
8 — 200		37 —	925	
9 — 225		38 —	950	
10 — 250		39 —	975	
11 — 275		40 —	1000	
12 — 300		50 —	1250	
13 — 325		60 —	1500	
14 — 350		70 —	1750	
15 — 375		80 —	2000	
16 — 400		90 —	2250	
17 — 425		100 —	2500	
18 — 450		200 —	5000	
19 — 475		300 —	7500	
20 — 500		400 —	10000	
21 — 525		500 —	12500	
22 — 550				
23 — 575		Les 3 qts,	18 f. 75	
24 — 600		Le demi,	12	50
25 — 625		Le quart,	6	25
26 — 650		Le huit.,	3	12
27 — 675		Les 2 tiers,	16	66
28 — 700		Le tiers,	8	33
29 — 725		Le sixième,	4	16
30 — 750		Le douz.,	2	8

A 25 f. par j. par an 9125 f.

A 26 fr. la chose.

2 val	52 f.	31 val	806 f.
3 —	78	32 —	832
4 —	104	33 —	858
5 —	130	34 —	884
6 —	156	35 —	910
7 —	182	36 —	936
8 —	208	37 —	962
9 —	234	38 —	988
10 —	260	39 —	1014
11 —	286	40 —	1040
12 —	312	50 —	1300
13 —	338	60 —	1560
14 —	364	70 —	1820
15 —	390	80 —	2080
16 —	416	90 —	2340
17 —	442	100 —	2600
18 —	468	200 —	5200
19 —	494	300 —	7800
20 —	520	400 —	10400
21 —	546	500 —	13000
22 —	572		
23 —	598	Les 3 qts,	19 f. 50
24 —	624	Le demi,	13
25 —	650	Le quart,	6	50
26 —	676	Le huit.,	3	25
27 —	702	Les 2 tiers	17	32
28 —	728	Le tiers,	7	66
29 —	754	Le sixième,	4	33
30 —	780	Le douz.,	2	16

A 26 f. par j. par an 9490 f.

A 27 fr. la chose.

2 val 54 f.	31 val 837 f.
3 — 81	32 — 864
4 — 108	33 — 891
5 — 135	34 — 918
6 — 162	35 — 945
7 — 189	36 — 972
8 — 216	37 — 999
9 — 243	38 — 1026
10 — 270	39 — 1053
11 — 297	40 — 1080
12 — 324	50 — 1350
13 — 351	60 — 1620
14 — 378	70 — 1890
15 — 405	80 — 2160
16 — 432	90 — 2430
17 — 459	100 — 2700
18 — 486	200 — 5400
19 — 513	300 — 8100
20 — 540	400 — 10800
21 — 567	500 — 13500
22 — 594	
23 — 621	Les 3 qts, 20 f. 25
24 — 648	Le demi, 13 50
25 — 675	Le quart, 6 75
26 — 702	Le huit., 3 37
27 — 729	Les 2 tiers, 18 00
28 — 756	Le tiers, 9 00
29 — 783	Le sixième, 4 50
30 — 810	Le douz., 2 25

A 27 f. par j. par an 9855 f.

A 28 fr. la chose.

2 val	56 f		31 val	868 f.
3 —	84		32 —	896
4 —	112		33 —	924
5 —	140		34 —	952
6 —	168		35 —	980
7 —	196		36 —	1008
8 —	224		37 —	1036
9 —	252		38 —	1064
10 —	280		39 —	1092
11 —	308		40 —	1120
12 —	336		50 —	1400
13 —	364		60 —	1680
14 —	392		70 —	1960
15 —	420		80 —	2240
16 —	448		90 —	2520
17 —	476		100 —	2800
18 —	504		200 —	5600
19 —	532		300 —	8400
20 —	560		400 —	11200
21 —	588		500 —	14000
22 —	616			
23 —	644		Les 3 qts,	21 f.00
24 —	672		Le demi,	14 00
25 —	700		Le quart,	7 00
26 —	728		Le huit.,	3 50
27 —	756		Les 2 tiers,	18 66
28 —	784		Le tiers,	9 33
29 —	812		Le sixième,	4 66
30 —	840		Le douz.,	2 33

A 28 f. par j. par an 10220 f.

A 29 fr. la chose.

2 val 58 f.		31 val	899 f.
3 — 87		32 —	928
4 — 116		33 —	957
5 — 146		34 —	986
6 — 174		35 —	1015
7 — 203		36 —	1044
8 — 232		37 —	1073
9 — 261		38 —	1102
10 — 290		39 —	1131
11 — 319		40 —	1160
12 — 348		50 —	1450
13 — 377		60 —	1740
14 — 406		70 —	2030
15 — 435		80 —	2320
16 — 464		90 —	2610
17 — 493		100 —	2900
18 — 522		200 —	5800
19 — 551		300 —	8700
20 — 580		400 —	11600
21 — 609		500 —	14500
22 — 638			
23 — 667		Les 3 qts,	21 f. 75
24 — 696		Le demi,	14 50
25 — 725		Le quart,	7 25
26 — 754		Le huit.,	3 62
27 — 783		Les 2 tiers,	19 32
28 — 812		Le tiers,	9 66
29 — 841		Le sixième,	4 83
30 — 870		Le douz.,	2 41

A 29 f. par j. par an 10585 f.

A 30 fr. la chose.

2 val 60 f.		31 val	930 f.
3 — 90		32 —	960
4 — 120		33 —	990
5 — 150		34 —	1020
6 — 180		35 —	1050
7 — 210		36 —	1080
8 — 240		37 —	1110
9 — 270		38 —	1140
10 — 300		39 —	1170
11 — 330		40 —	1200
12 — 360		50 —	1500
13 — 390		60 —	1800
14 — 420		70 —	2100
15 — 450		80 —	2400
16 — 480		90 —	2700
17 — 510		100 —	3000
18 — 540		200 —	6000
19 — 570		300 —	9000
20 — 600		400 —	12000
21 — 630		500 —	15000
22 — 660			
23 — 690		Les 3 qts,	22 f. 50
24 — 720		Le demi,	15
25 — 750		Le quart,	7 50
26 — 780		Le huit.,	3 75
27 — 810		Les 2 tiers,	20
28 — 840		Le tiers,	10
29 — 870		Le sixième,	5
30 — 900		Le douz.,	2 50

A 30 f. par j. par an 10950 f.

A 31 fr. la chose.

2 val 62 f.		31 val	961 f.	
3 — 93		32 —	992	
4 — 124		33 —	1023	
5 — 155		34 —	1054	
6 — 186		35 —	1085	
7 — 217		36 —	1116	
8 — 248		37 —	1147	
9 — 279		38 —	1178	
10 — 310		39 —	1209	
11 — 341		40 —	1240	
12 — 372		50 —	1550	
13 — 403		60 —	1860	
14 — 434		70 —	2170	
15 — 465		80 —	2480	
16 — 496		90 —	2790	
17 — 527		100 —	3100	
18 — 558		200 —	6200	
19 — 589		300 —	9300	
20 — 620		400 —	12400	
21 — 651		500 —	15500	
22 — 682				
23 — 713		Les 3 qts,	23 f.	25
24 — 744		Le demi,	15	50
25 — 775		Le quart,	7	75
26 — 806		Le huit.,	3	87
27 — 837		Les 2 tiers,	20	66
28 — 868		Le tiers,	10	32
29 — 899		Le sixième,	5	16
30 — 930		Le douz.,	2	58

A 31 f. par j. par an 11315 f.

A 32 fr. la chose.

2 val 64 f.	31 val 992 f.
3 — 96	32 — 1024
4 — 128	33 — 1056
5 — 160	34 — 1088
6 — 192	35 — 1120
7 — 224	36 — 1152
8 — 256	37 — 1184
9 — 288	38 — 1216
10 — 320	39 — 1248
11 — 352	40 — 1280
12 — 384	50 — 1600
13 — 416	60 — 1920
14 — 448	70 — 2240
15 — 480	80 — 2560
16 — 512	90 — 2880
17 — 544	100 — 3200
18 — 576	200 — 6400
19 — 608	300 — 9600
20 — 640	400 — 12800
21 — 672	500 — 16000
22 — 704	
23 — 736	Les 3 qts, 24 f. 00
24 — 768	Le demi, 16 00
25 — 800	Le quart, 8 00
26 — 832	Le huitième, 4 00
27 — 864	Les 2 tiers, 21 32
28 — 896	Le tiers, 10 66
29 — 928	Le sixième, 5 33
30 — 960	Le douz., 2 60

A 32 f. par j. par an 11680 f.

A 33 fr. la chose.

2 val 66 f.		31 val	1023 f
3 — 99		32 —	1056
4 — 132		33 —	1089
5 — 165		34 —	1122
6 — 198		35 —	1155
7 — 231		36 —	1188
8 — 264		37 —	1221
9 — 297		38 —	1254
10 — 330		39 —	1287
11 — 363		40 —	1320
12 — 396		50 —	1650
13 — 429		60 —	1980
14 — 462		70 —	2310
15 — 495		80 —	2640
16 — 528		90 —	2970
17 — 561		100 —	3300
18 — 594		200 —	6600
19 — 627		300 —	9900
20 — 660		400 —	13200
21 — 693		500 —	16500
22 — 726			
23 — 759		Les 3 qts,	24 f. 75
24 — 792		Le demi,	16 50
25 — 825		Le quart,	8 25
26 — 858		Le huitième,	4 12
27 — 891		Les 2 tiers,	22
28 — 924		Le tiers,	11
29 — 957		Le sixième,	5 50
30 — 990		Le douz.,	2 75

A 33 f. par j. par an 12045 f.

11

A 34 fr. la chose.	
2 val 68 f.	31 val 1054 f.
3 — 102	32 — 1089
4 — 136	33 — 1122
5 — 170	34 — 1156
6 — 204	35 — 1190
7 — 238	36 — 1224
8 — 272	37 — 1258
9 — 306	38 — 1292
10 — 340	39 — 1326
11 — 374	40 — 1360
12 — 408	50 — 1700
13 — 442	60 — 2040
14 — 476	70 — 2380
15 — 510	80 — 2720
16 — 544	90 — 3060
17 — 578	100 — 3400
18 — 612	200 — 6800
19 — 646	300 — 10200
20 — 680	400 — 13600
21 — 714	500 — 17000
22 — 748	
23 — 782	Les 3 qts, 25 f. 50
24 — 816	Le demi, 17
25 — 850	Le quart, 8 50
26 — 884	Le huit., 4 25
27 — 918	Les 2 tiers, 22 66
28 — 952	Le tiers, 11 33
29 — 986	Le sixième, 5 66
30 — 1020	Le douz., 2 83
A 34 f. par j. par an 12410 f.	

A 35 fr. la chose.

2 val	70 f.		31 val	1085 f.	
3 —	105		32 —	1120	
4 —	140		33 —	1155	
5 —	175		34 —	1190	
6 —	210		35 —	1225	
7 —	245		36 —	1260	
8 —	280		37 —	1295	
9 —	315		38 —	1330	
10 —	350		39 —	1365	
11 —	385		40 —	1400	
12 —	420		50 —	1750	
13 —	455		60 —	2100	
14 —	490		70 —	2450	
15 —	525		80 —	2800	
16 —	560		90 —	3150	
17 —	595		100 —	3500	
18 —	630		200 —	7000	
19 —	665		300 —	10500	
20 —	700		400 —	14000	
21 —	735		500 —	17500	
22 —	770				
23 —	805		Les 3 qts,	26 f.	25
24 —	840		Le demi,	17	50
25 —	875		Le quart,	8	75
26 —	910		Le huit.,	4	37
27 —	945		Les 2 tiers,	23	32
28 —	980		Le tiers,	11	66
29 —	1015		Le sixième,	5	83
30 —	1050		Le douz.,	2	92

A 35 f. par j. par an 12775 f.

A 36 fr. la chose.

2 val	72 f.		31 val	1116 f.
3 —	108		32 —	1152
4 —	144		33 —	1188
5 —	180		34 —	1224
6 —	216		35 —	1260
7 —	252		36 —	1296
8 —	288		37 —	1332
9 —	324		38 —	1368
10 —	360		39 —	1404
11 —	396		40 —	1440
12 —	432		50 —	1800
13 —	468		60 —	2160
14 —	504		70 —	2520
15 —	540		80 —	2880
16 —	576		90 —	3240
17 —	612		100 —	3600
18 —	648		200 —	7200
19 —	684		300 —	10800
20 —	720		400 —	14400
21 —	756		500 —	18000
22 —	792			
23 —	828		Les 3 qts,	27 f.
24 —	864		Le demi,	18
25 —	900		Le quart,	9
26 —	936		Le huit.,	4
27 —	972		Les 2 tiers,	24
28 —	1008		Le tiers,	12
29 —	1044		Le sixième,	6
30 —	1080		Le douz.,	3

A 36 f. par j. par an 13140 f.

A 37 fr. la chose.

2 val	74 f.		31 val	1147 f.	
3 —	111		32 —	1184	
4 —	148		33 —	1221	
5 —	185		34 —	1258	
6 —	222		35 —	1295	
7 —	259		36 —	1332	
8 —	296		37 —	1369	
9 —	333		38 —	1406	
10 —	370		39 —	1443	
11 —	407		40 —	1480	
12 —	444		50 —	1850	
13 —	481		60 —	2220	
14 —	518		70 —	2590	
15 —	555		80 —	2960	
16 —	592		90 —	3330	
17 —	629		100 —	3700	
18 —	666		200 —	7400	
19 —	703		300 —	11100	
20 —	740		400 —	14800	
21 —	777		500 —	18500	
22 —	814				
23 —	851		Les 3 qts,	27 f.	75
24 —	888		Le demi,	18	50
25 —	925		Le quart,	9	25
26 —	962		Le huit.,	4	62
27 —	999		Les 2 tiers,	24	67
28 —	1036		Le tiers,	12	33
29 —	1073		Le sixième,	6	16
30 —	1110		Le douz.,	3	8

A 37 f. par j. par an 13505 f.

A 38 fr. la chose.

2 val	76	31 val	1178 f.	
3 —	114	32 —	1216	
4 —	152	33 —	1254	
5 —	190	34 —	1292	
6 —	228	35 —	1330	
7 —	266	36 —	1368	
8 —	304	37 —	1406	
9 —	342	38 —	1444	
10 —	380	39 —	1482	
11 —	418	40 —	1520	
12 —	456	50 —	1900	
13 —	494	60 —	2280	
14 —	532	70 —	2660	
15 —	570	80 —	3040	
16 —	608	90 —	3420	
17 —	646	100 —	3800	
18 —	684	200 —	7600	
19 —	722	300 —	11400	
20 —	760	400 —	15200	
21 —	798	500 —	19000	
22 —	836			
23 —	874	Les 3 qts,	28 f.	50
24 —	912	Le demi,	19	
25 —	950	Le quart,	9	50
26 —	988	Le huit.,	4	75
27 —	1026	Les 2 tiers,	25	32
28 —	1064	Le tiers,	12	66
29 —	1102	Le sixième,	6	33
30 —	1140	Le douz.,	3	16

A 38 f. par j. par an 13870 f.

A 39 fr. la chose.

2	val	78 f.	31	val	1209 f.
3	—	117	32	—	1248
4	—	156	33	—	1287
5	—	195	34	—	1326
6	—	234	35	—	1365
7	—	273	36	—	1404
8	—	312	37	—	1443
9	—	351	38	—	1482
10	—	390	39	—	1521
11	—	429	40	—	1560
12	—	468	50	—	1950
13	—	507	60	—	2340
14	—	546	70	—	2730
15	—	585	80	—	3120
16	—	624	90	—	3510
17	—	663	100	—	3900
18	—	702	200	—	7800
19	—	741	300	—	11700
20	—	780	400	—	15600
21	—	819	500	—	19500
22	—	858			
23	—	897	Les 3 qts,	29 f. 25	
24	—	936	Le demi,	19	50
25	—	975	Le quart,	9	75
26	—	1014	Le huit.,	4	87
27	—	1053	Les 2 tiers,	26	
28	—	1092	Le tiers,	13	
29	—	1131	Le sixième,	6	50
30	—	1170	Le douz.,	3	25

A 39 f. par j. par an 14235 f.

A 40 fr. la chose.

2 val	80 f.		31 val	1240 f.
3 —	120		32 —	1280
4 —	160		33 —	1320
5 —	200		34 —	1360
6 —	240		35 —	1400
7 —	280		36 —	1440
8 —	320		37 —	1480
9 —	360		38 —	1520
10 —	400		39 —	1560
11 —	440		40 —	1600
12 —	480		50 —	2000
13 —	520		60 —	2400
14 —	560		70 —	2800
15 —	600		80 —	3200
16 —	640		90 —	3600
17 —	680		100 —	4000
18 —	720		200 —	8000
19 —	760		300 —	12000
20 —	800		400 —	16000
21 —	840		500 —	20000
22 —	880			
23 —	920		Les 3 qts,	30 f.
24 —	960		Le demi,	20
25 —	1000		Le quart,	10
26 —	1040		Le huit.,	5
27 —	1080		Les 2 tiers,	26 66
28 —	1120		Le tiers,	13 33
29 —	1160		Le sixième,	6 66
30 —	1200		Le douz.,	3 33

A 40 f. par j. par an 14600 f.

A 45 fr. la chose.

2 val	90 f.	31 val	1395 f.	
3 —	135	32 —	1440	
4 —	180	33 —	1485	
5 —	225	34 —	1530	
6 —	270	35 —	1575	
7 —	315	36 —	1620	
8 —	360	37 —	1665	
9 —	405	38 —	1710	
10 —	450	39 —	1755	
11 —	495	40 —	1800	
12 —	540	50 —	2250	
13 —	585	60 —	2700	
14 —	630	70 —	3150	
15 —	675	80 —	3600	
16 —	720	90 —	4050	
17 —	765	100 —	4500	
18 —	810	200 —	9000	
19 —	855	300 —	13500	
20 —	900	400 —	18000	
21 —	945	500 —	22500	
22 —	990			
23 —	1035	Les 3 qts,	33 f.	75
24 —	1080	Le demi,	22	50
25 —	1125	Le quart,	11	25
26 —	1170	Le huit.,	5	62
27 —	1215	Les 2 tiers	30	
28 —	1260	Le tiers,	15	
29 —	1305	Le sixième,	7	50
30 —	1350	Le douz.,	3	75

A 45 f. par j. par an 16425 f.

A 50 fr. la chose.

2 val	100 f.	31 val	1550 f.
3 —	150	32 —	1600
4 —	200	33 —	1650
5 —	250	34 —	1700
6 —	300	35 —	1750
7 —	350	36 —	1800
8 —	400	37 —	1850
9 —	450	38 —	1900
10 —	500	39 —	1950
11 —	550	40 —	2000
12 —	600	50 —	2500
13 —	650	60 —	3000
14 —	700	70 —	3500
15 —	750	80 —	4000
16 —	800	90 —	4500
17 —	850	100 —	5000
18 —	900	200 —	10000
19 —	950	300 —	15000
20 —	1000	400 —	20000
21 —	1050	500 —	25000
22 —	1100		
23 —	1150	Les 3 qts,	37 f. 50
24 —	1200	Le demi,	25
25 —	1250	Le quart,	12 50
26 —	1300	Le huit.,	6 25
27 —	1350	Les 2 tiers,	33 32
28 —	1400	Le tiers,	16 66
29 —	1450	Le sixième,	8 33
30 —	1500	Le douz.,	4 16

A 50 f. par j. par an 18250 f.

A 55 fr. la chose.

2 val	110 f.	31 val	1705 f.
3 —	165	32 —	1760
4 —	220	33 —	1815
5 —	275	34 —	1870
6 —	330	35 —	1925
7 —	385	36 —	1980
8 —	440	37 —	2035
9 —	495	38 —	2090
10 —	550	39 —	2145
11 —	605	40 —	2200
12 —	660	50 —	2750
13 —	715	60 —	3300
14 —	770	70 —	3850
15 —	825	80 —	4400
16 —	880	90 —	4950
17 —	935	100 —	5500
18 —	990	200 —	11000
19 —	1045	300 —	16500
20 —	1100	400 —	22000
21 —	1155	500 —	27500
22 —	1210		
23 —	1265	Les 3 qts,	41 f. 25
24 —	1320	Le demi,	27 50
25 —	1375	Le quart,	13 75
26 —	1430	Le huit.,	6 87
27 —	1485	Les 2 tiers,	36 66
28 —	1540	Le tiers,	18 32
29 —	1595	Le sixième,	9 16
30 —	1650	Le douz.,	4 58

A 55 f. par j. par an 20075 f.

A 60 fr. la chose.

2 val	120 f.		31 val	1860 f.
3 —	180		32 —	1920
4 —	240		33 —	1980
5 —	300		34 —	2040
6 —	360		35 —	2100
7 —	420		36 —	2160
8 —	480		37 —	2220
9 —	540		38 —	2280
10 —	600		39 —	2340
11 —	660		40 —	2400
12 —	720		50 —	3000
13 —	780		60 —	3600
14 —	840		70 —	4200
15 —	900		80 —	4800
16 —	960		90 —	5400
17 —	1020		100 —	6000
18 —	1080		200 —	12000
19 —	1140		300 —	18000
20 —	1200		400 —	24000
21 —	1260		500 —	30000
22 —	1320			
23 —	1380		Les 3 qts,	45 f.
24 —	1440		Le demi,	30
25 —	1500		Le quart,	15
26 —	1560		Le huit.,	7 50
27 —	1620		Les 2 tiers,	40
28 —	1680		Le tiers,	20
29 —	1740		Le sixième,	10
30 —	1800		Le douz.,	5

A 60 f. par j. par an 21930 f.

A 65 fr. la chose.

2 val 130 f.		31 val	2015 f.
3 — 195		32 —	2080
4 — 260		33 —	2145
5 — 325		34 —	2210
6 — 390		35 —	2275
7 — 455		36 —	2340
8 — 520		37 —	2405
9 — 585		38 —	2470
10 — 650		39 —	2535
11 — 715		40 —	2600
12 — 780		50 —	3250
13 — 845		60 —	3900
14 — 910		70 —	4550
15 — 795		80 —	5200
16 — 1040		90 —	5850
17 — 1105		100 —	6500
18 — 1170		200 —	13000
19 — 1235		300 —	19500
20 — 1300		400 —	26000
21 — 1365		500 —	32500
22 — 1430			
23 — 1495		Les 3 qts,	48 f. 75
24 — 1560		Le demi,	32 50
25 — 1625		Le quart,	16 25
26 — 1690		Le huit.,	8 12
27 — 1755		Les 2 tiers,	43 32
28 — 1810		Le tiers,	21 66
29 — 1895		Le sixième,	10 83
30 — 1950		Le douz.,	5 41

A 65 f. par ½ par an 23725 f.

A 70 fr. la chose.

2 val 140 f.		31 val 2170 f.		
3 — 210		32 — 2240		
4 — 280		33 — 2310		
5 — 350		34 — 2380		
6 — 420		35 — 2450		
7 — 490		36 — 2520		
8 — 560		37 — 2590		
9 — 630		38 — 2660		
10 — 700		39 — 2730		
11 — 770		40 — 2800		
12 — 840		50 — 3500		
13 — 910		60 — 4200		
14 — 980		70 — 4900		
15 — 1050		80 — 5600		
16 — 1120		90 — 6300		
17 — 1190		100 — 7000		
18 — 1260		200 — 14000		
19 — 1330		300 — 21000		
20 — 1400		400 — 28000		
21 — 1470		500 — 35000		
22 — 1540				
23 — 1610		Les 3 qts,	52 f.	50
24 — 1680		Le demi,	35	
25 — 1750		Le quart,	17	50
26 — 1820		Le huit.,	8	75
27 — 1890		Les 2 tiers,	46	66
28 — 1960		Le tiers,	23	33
29 — 2030		Le sixième,	11	66
30 — 2100		Le douz.,	5	33

A 70 f. par j. par an 25550 f.

A 75 fr. la chose.

val	f.	val	f.
2 val	150 f.	31 val	2325 f.
3 —	225	32 —	2400
4 —	300	33 —	2475
5 —	375	34 —	2550
6 —	450	35 —	2625
7 —	525	36 —	2700
8 —	600	37 —	2775
9 —	675	38 —	2850
10 —	750	39 —	2925
11 —	825	40 —	3000
12 —	900	50 —	3750
13 —	975	60 —	4500
14 —	1050	70 —	5250
15 —	1125	80 —	6000
16 —	1200	90 —	6750
17 —	1275	100 —	7500
18 —	1350	200 —	15000
19 —	1425	300 —	22500
20 —	1500	400 —	30000
21 —	1575	500 —	37500
22 —	1650		
23 —	1725	Les 3 qts,	56 f. 25
24 —	1800	Le demi,	37 50
25 —	1875	Le quart,	18 75
26 —	1950	Le huit.,	9 37
27 —	2025	Les 2 tiers,	50
28 —	2100	Le tiers,	25
29 —	2175	Le sixième,	12 50
30 —	2250	Le douz.,	6 25

A 75 f. par j. par an 27375 f.

A 80 fr. la chose.

2 val	160f.		31 val	2480 f.
3 —	240		32 —	2560
4 —	320		33 —	2640
5 —	400		34 —	2720
6 —	480		35 —	2800
7 —	560		36 —	2880
8 —	640		37 —	2960
9 —	720		38 —	3040
10 —	800		39 —	3120
11 —	880		40 —	3200
12 —	960		50 —	4000
13 —	1040		60 —	4800
14 —	1120		70 —	5600
15 —	1200		80 —	6400
16 —	1280		90 —	7200
17 —	1360		100 —	8000
18 —	1440		200 —	16000
19 —	1520		300 —	24000
20 —	1600		400 —	32000
21 —	1680		500 —	40000
22 —	1760			
23 —	1840		Les 3 qts,	60 f.
24 —	1920		Le demi,	40
25 —	2000		Le quart,	20
26 —	2080		Le huit.,	10
27 —	2160		Les 2 tiers,	53 32
28 —	2240		Le tiers,	26 66
29 —	2320		Le sixième,	13 33
30 —	2400		Le douz.,	6 66

A 80 f. par j. par an 29200 f.

A 85 fr. la chose.

2 val 170 f.		31 val 2635 f.	
3 — 255		32 — 2720	
4 — 340		33 — 2805	
5 — 425		34 — 2890	
6 — 510		35 — 2975	
7 — 595		36 — 3060	
8 — 680		37 — 3145	
9 — 765		38 — 3230	
10 — 850		39 — 3315	
11 — 935		40 — 3400	
12 — 1020		50 — 4250	
13 — 1105		60 — 5100	
14 — 1190		70 — 5950	
15 — 1275		80 — 6800	
16 — 1360		90 — 7650	
17 — 1445		100 — 8500	
18 — 1530		200 — 17000	
19 — 1615		300 — 25500	
20 — 1700		400 — 34000	
21 — 1785		500 — 42500	
22 — 1870			
23 — 1955		Les 3 qts,	63 f. 75
24 — 2040		Le demi,	42 50
25 — 2125		Le quart,	21 25
26 — 2210		Le huit.,	11 62
27 — 2295		Les 2 tiers,	56 67
28 — 2380		Le tiers,	28 33
29 — 2465		Le sixième,	14 16
30 — 2550		Le douz.,	7 8

A 85 f. par j. par an 31025 f.

12

A 90 fr. la chose.

2 val	180 f.	31 val	2790 f.	
3 —	270	32 —	2880	
4 —	360	33 —	2970	
5 —	450	34 —	3060	
6 —	540	35 —	3150	
7 —	630	36 —	3240	
8 —	720	37 —	3330	
9 —	810	38 —	3420	
10 —	900	39 —	3510	
11 —	990	40 —	3600	
12 —	1080	50 —	4500	
13 —	1170	60 —	5400	
14 —	1260	70 —	6300	
15 —	1350	80 —	7200	
16 —	1440	90 —	8100	
17 —	1530	100 —	9000	
18 —	1620	200 —	18000	
19 —	1710	300 —	27000	
20 —	1800	400 —	36000	
21 —	1890	500 —	43000	
22 —	1980			
23 —	2070	Les 3 qts,	67 f. 50	
24 —	2160	Le demi,	45	
25 —	2250	Le quart,	22	50
26 —	2340	Le huit.,	11	25
27 —	2430	Les 2 tiers,	60	
28 —	2520	Le tiers,	30	
29 —	2610	Le sixième,	15	
30 —	2700	Le douz.,	7	50

A 90 f. par j. par an 32850 f.

A 95 fr. la chose.

2 val 190 f.		31 val 2945 f.	
3 — 285		32 — 3040	
4 — 380		33 — 3135	
5 — 475		34 — 3230	
6 — 570		35 — 3325	
7 — 665		36 — 3420	
8 — 760		37 — 3515	
9 — 855		38 — 3610	
10 — 950		39 — 3705	
11 — 1045		40 — 3800	
12 — 1140		50 — 4750	
13 — 1235		60 — 5700	
14 — 1330		70 — 6650	
15 — 1425		80 — 7600	
16 — 1520		90 — 8550	
17 — 1615		100 — 9500	
18 — 1710		200 — 19000	
19 — 1805		300 — 28500	
20 — 1900		400 — 38000	
21 — 1995		500 — 47500	
22 — 2090			
23 — 2185		Les 3 qts,	71 f. 25
24 — 2280		Le demi,	47 50
25 — 2375		Le quart,	23 75
26 — 2470		Le huit.,	11 87
27 — 2565		Les 2 tiers,	63 33
28 — 2660		Le tiers,	31 66
29 — 2755		Le sixième	15 83
30 — 2850		Le douz.,	7 91

A 95 f. par j. par an 34675 f.

A 100 fr. la chose.

2 val 200 f.	31 val 3100 f.		
3 — 300	32 — 3200		
4 — 400	33 — 3300		
5 — 500	34 — 3400		
6 — 600	35 — 3500		
7 — 700	36 — 3600		
8 — 800	37 — 3700		
9 — 900	38 — 3800		
10 — 1000	39 — 3900		
11 — 1100	40 — 4000		
12 — 1200	50 — 5000		
13 — 1300	60 — 6000		
14 — 1400	70 — 7000		
15 — 1500	80 — 8000		
16 — 1600	90 — 9000		
17 — 1700	100 — 10000		
18 — 1800	200 — 20000		
19 — 1900	300 — 30000		
20 — 2000	400 — 40000		
21 — 2100	500 — 50000		
22 — 2200			
23 — 2300	Les 3 qts,	75 f.	
24 — 2400	Le demi,	50	
25 — 2500	Le quart,	25	
26 — 2600	Le huit.,	12	50
27 — 2700	Les 2 tiers,	66	67
28 — 2800	Le tiers,	33	33
29 — 2900	Le sixième,	16	66
30 — 3000	Le douz.,	8	33

A 100 f. par j. par an 36500 f.

A 500 fr. la chose.			
2 val	1000 f.	31 val	15500 f.
3 —	1500	32 —	16000
4 —	2000	33 —	16500
5 —	2500	34 —	17000
6 —	3000	35 —	17500
7 —	3500	36 —	18000
8 —	4000	37 —	18500
9 —	4500	38 —	19000
10 —	5000	39 —	19500
11 —	5500	40 —	20000
12 —	6000	50 —	25000
13 —	6500	60 —	30000
14 —	7000	70 —	35000
15 —	7500	80 —	40000
16 —	8000	90 —	45000
17 —	8500	100 —	50000
18 —	9000	200 —	100000
19 —	9500	300 —	150000
20 —	10000	400 —	200000
21 —	10500	500 —	250000
22 —	11000		
23 —	11500	Les 3 qts,	375 f.
24 —	12000	Le demi,	250
25 —	12500	Le quart,	125
26 —	13000	Le huit.,	62 50
27 —	13500	Les 2 tiers,	333 34
28 —	14000	Le tiers,	166 66
29 —	14500	Le sixième,	83 33
30 —	15000	Le douz.,	41 66

A 500 f. par j. par an 182500 f.

INTÉRÊTS PAR JOUR

A 1,2 p. 0,0 PAR MOIS.

Intérêts par jour à 1/2 p. 0/0 par mois.

fr.	1 J.	2 J.	3 J.	4 J.	5 J.
	f.	f.	f.	f.	f.
1					
2					
3					
4					
5					
6					
7					1
8					1
9				1	1
10				1	1
20		1	1	1	2
30		1	1	2	2
40	1	1	2	3	3
50	1	2	2	3	4
60	1	2	3	4	5
70	1	2	3	5	6
80	1	3	4	5	7
90	1	3	4	6	7
100	2	3	5	7	8
200	3	7	10	13	17
300	5	10	15	20	25
400	7	13	20	27	33
500	8	17	25	33	42
600	10	20	30	40	50
700	12	23	35	47	58
800	13	27	40	53	67
900	15	30	45	60	75
1000	17	33	50	77	83
2000	33	67	1 00	1 33	1 67

intérêts par jour à 1/2 p. 0/0 par mois.

fr.	6 J.	7 J.	8 J.	9 J.	10 J.
	f.	f.	f.	f.	f.
1					
2					
3					
4				1	1
5		1	1	1	1
6	1	1	1	1	1
7	1	1	1	1	1
8	1	1	1	1	1
9	1	1	1	1	2
10	1	1	2	2	3
20	2	2	3	3	4
30	3	3	4	4	5
40	4	5	5	6	7
50	5	6	7	7	8
60	6	7	8	9	10
70	7	8	9	10	12
80	8	9	11	12	13
90	9	10	12	13	15
100	10	12	13	15	17
200	20	23	27	30	33
300	30	35	40	45	50
400	40	47	53	60	67
500	50	58	67	75	83
600	60	70	80	90	1
700	70	82	93	1 5	1 17
800	80	93	1 7	1 20	1 33
900	90	1 5	1 20	1 35	1 50
1000	1	1 17	1 33	1 50	1 67
2000	2	2 33	2 67	3	3 33

Intérêts par jour à 1/2 p. 0/0 par mois.

fr.	11 J.	12 J.	13 J.	14 J.	15 J.
	f.	f.	f.	f.	f.
1					
2					
3	1	1	1	1	1
4	1	1	1	1	1
5	1	1	1	1	1
6	1	1	1	1	1
7	1	1	1	2	2
8	1	1	2	2	2
9	2	2	2	2	2
10	2	2	2	2	2
20	4	4	4	5	5
30	5	6	6	7	7
40	7	8	9	9	10
50	9	10	11	12	12
60	11	12	13	14	15
70	13	14	15	16	17
80	15	16	17	19	20
00	16	18	19	21	22
100	18	20	22	23	25
200	37	40	43	47	50
300	55	60	65	70	75
400	73	80	87	03	1
500	92	1 00	1 8	1 17	1 25
600	1 10	1 20	1 30	1 40	1 50
700	1 28	1 40	1 52	1 63	1 75
800	1 47	1 60	1 73	1 87	2
900	1 65	1 80	1 95	2 10	2 25
1000	1 83	2	2 17	2 33	2 50
2000	3 67	4	4 33	4 67	5

Intérêts par jour à 1/2 p. 0/0 par mois.

fr.	16 J.	17 J.	18 J.	19 J.	20 J.
	f.	f.	f.	f.	f.
1					
2		1	1	1	1
3	1	1	1	1	1
4	1	1	1	1	1
5	1	1	1	2	2
6	2	2	2	2	2
7	2	2	2	2	2
8	2	2	2	3	3
9	2	3	3	3	3
10	3	3	3	3	3
20	5	6	6	6	7
30	8	8	9	9	10
40	11	11	12	13	13
50	13	14	15	16	17
60	16	17	18	19	20
70	19	20	21	22	23
80	21	23	24	25	27
90	24	25	27	28	30
100	27	28	30	32	33
200	53	57	60	63	67
300	80	85	90	95	1
400	1 7	1 13	1 20	1 27	1 33
500	1 33	1 42	1 50	1 58	1 67
600	1 60	1 70	1 80	1 90	2
700	1 87	1 98	2 10	2 22	2 33
800	2 13	2 27	2 40	2 53	2 67
900	2 40	2 55	2 70	2 85	3
1000	2 67	2 83	3	3 17	3 33
2000	5 33	5 67	6	6 33	6 67

Intérêts par jour à 1/2 p. 0/0 par mois.

fr.	21 J.	22 J.	23 J.	24 J.	25 J.
	f.	f.	f.	f.	f.
1					
2	1	1	1	1	1
3	1	1	1	1	1
4	1	1	1	1	2
5	2	2	2	2	2
6	2	2	2	2	2
7	2	3	3	3	3
8	3	3	3	3	3
9	3	3	3	4	4
10	3	4	4	4	4
20	7	7	8	8	8
30	10	10	11	12	12
40	14	15	15	16	17
50	17	18	19	20	21
60	21	22	23	24	25
70	24	26	27	28	29
80	28	29	31	32	33
90	31	33	34	36	37
100	35	37	38	40	42
200	70	73	77	80	83
300	1 5	1 10	1 15	1 20	1 25
400	1 40	1 47	1 53	1 60	1 67
500	1 75	1 84	1 92	2	2 8
600	2 10	2 20	2 30	2 40	2 50
700	2 45	2 57	2 68	2 80	2 92
800	2 80	2 93	3 07	3 20	3 33
900	3 15	3 30	3 45	3 60	3 75
1000	3 50	3 67	3 83	4	4 17
2000	7	7 33	7 67	8	8 33

Intérêts par jour à 1/2 p. 0/0 par mois.

fr.	26 J.	27 J.	28 J.	29 J.	30 J.
	f.	f.	f.	f.	f.
1					
2	1	1	1	1	1
3	1	1	1	1	1
4	2	2	2	2	2
5	2	2	2	2	2
6	3	3	3	3	3
7	3	3	3	3	3
8	3	4	4	4	4
9	4	4	4	4	4
10	4	4	5	5	5
20	9	9	9	10	10
30	13	13	14	14	15
40	17	18	18	19	20
50	22	22	23	24	25
60	26	27	28	29	30
70	30	31	33	34	35
80	35	36	37	39	40
90	39	40	42	43	45
100	43	45	47	48	50
200	87	90	93	97	1
300	1 30	1 35	1 40	1 45	1 50
400	1 75	1 80	1 87	1 93	2
500	2 17	2 25	2 33	2 42	2 50
600	2 60	2 70	2 80	2 90	3
700	3 3	3 15	3 27	3 38	3 50
800	3 47	3 60	3 73	3 87	4
900	3 90	4 5	4 20	4 35	4 50
1000	4 33	4 50	4 67	4 83	5
2000	8 67	9	9 33	9 67	10

Intérêts par jour à 1/2 p. 0/0 par mois.				
f.	60 J.	90 J.	120 J.	150 J.
1	f. 1	f. 1	f. 2	f. 2
2	2	3	4	5
3	3	4	6	7
4	4	6	8	10
5	5	7	10	12
6	6	9	12	15
7	7	10	14	17
8	8	12	16	20
9	9	13	18	22
10	10	15	20	25
20	20	30	40	50
30	30	45	60	75
40	40	60	80	1
50	50	75	1	1 25
60	60	90	1 20	1 50
70	70	1 5	1 40	1 75
80	80	1 20	1 60	2
90	90	1 35	1 80	2 25
100	1	1 50	2	2 50
200	2	3	4	5
300	3	4 50	6	7 50
400	4	6	8	10
500	5	7 50	10	12 50
600	6	9	12	15
700	7	10 50	14	17 50
800	8	12	16	20
900	9	13 50	18	22 50
1000	10	15	20	25
2000	20	30	40	50

fr.	180 J.		210 J.		240 J.		270 J.	
	f.	3	f.	3	f.	4	f.	4
2		6		7		8		9
3		9		10		12		13
4		12		14		16		18
5		15		17		20		22
6		18		21		24		27
7		21		24		28		31
8		24		28		32		36
9		27		31		36		40
10		30		35		40		45
20		60		70		80		90
30		90	1	5	1	20	1	35
40	1	20	1	40	1	60	1	80
50	1	50	1	75	2		2	25
60	1	80	2	10	2	40	2	70
70	2	10	2	45	2	80	3	15
80	2	40	2	80	3	20	3	60
90	2	70	3	15	3	60	4	5
100	3		3	50	4		4	50
200	6		7		8		9	
300	9		10	50	12		13	50
400	12		14		16		18	
500	15		17	50	20		22	50
600	18		21		24		27	
700	21		24	50	28		31	50
800	24		28		32		36	
900	27		31	50	36		40	50
1000	30		35		40		45	
2000	60		70		80		90	

Intérêts par jour à 1/2 p. 0/0 par mois.

www.ingramcontent.com/pod-product-compliance
Lightning Source LLC
Chambersburg PA
CBHW070409090426
42733CB00009B/1601